北大版商务汉语教材

BUSINESS CHINESE

（第二版）

公司汉语

李 立　丁安琪　王 睿　编著

北京大学出版社
PEKING UNIVERSITY PRESS

图书在版编目(CIP)数据

公司汉语 / 李立,丁安琪,王睿编著. — 2版(修订本). —北京:北京大学出版社,2017.12
(北大版商务汉语教材)
ISBN 978-7-301-28841-2

Ⅰ.①公… Ⅱ.①李…②丁…③王…… Ⅲ.①公司—汉语—对外汉语教学—教材 Ⅳ.① H195.4

中国版本图书馆 CIP 数据核字(2017)第 249920 号

书　　名	公司汉语(第二版)
	GONGSI HANYU (DI-ER BAN)
著作责任者	李　立　丁安琪　王　睿　编著
责任编辑	唐娟华　沈浦娜
标准书号	ISBN 978-7-301-28841-2
出版发行	北京大学出版社
地　　址	北京市海淀区成府路 205 号　100871
网　　址	http://www.pup.cn　新浪微博:@北京大学出版社
电子信箱	zpup@pup.cn
电　　话	邮购部 62752015　发行部 62750672　编辑部 62767349
印 刷 者	河北博文科技印务有限公司
经 销 者	新华书店
	889 毫米 ×1194 毫米　大 16 开本　12.25 印张　196 千字
	2002 年 9 月第 1 版
	2017 年 12 月第 2 版　2025 年 1 月第 2 次印刷
定　　价	49.00 元

未经许可,不得以任何方式复制或抄袭本书之部分或全部内容。
版权所有,侵权必究
举报电话:010-62752024　电子信箱:fd@pup.pku.edu.cn
图书如有印装质量问题,请与出版部联系,电话:010-62756370

第二版前言

《公司汉语》从2002年秋初版以来，已经过去十五年了。这期间社会的发展变化相当大，有些方面甚至是始料未及的。作为一本反映公司生活的汉语教材，其中内容有的部分必然已经相当落伍，比如现在大家都使用Wifi，无论哪家咖啡店，都有自己的上网密码，连医院、公交车也都能自由上网了；出门在外，没有无线网络的情况下，都是使用流量，谁还知道ISDN是什么意思呢？因此，我们感到非常有必要对本书进行修订，以适应当下的需要。

本教材基本以某公司部分人物的活动为主，根据需要也会穿插一些其他人物。初版全书共分四个单元、十六课，每课分A、B两篇，有课文、生词、注释（个别课文如无需要，则不加注释）、练习四个部分。两篇课文分别从不同角度反映同一个话题。练习基本分三种题型：填空、完成句子和口语练习。每课后面还有一篇针对本课话题的附录，以供有兴趣的同学作为泛读材料。

这次修订幅度较大，主要体现在以下四个方面：

第一，取消了原先四个单元的编排方式，不再划分单元，将十六课改为十五课，删掉了与其他课文风格体例差异较大的第十三、十四课，新增了"公司改革"一课。

第二，原先每课有A、B两篇课文，现在统一使用其中一篇作为主课文，另一篇改写成阅读练习，变成练习四。这样做的目的，一则免去了使用者选取课文的犹豫，二则丰富了课后练习的内容。

第三，生词都添加了例句，以帮助使用者对生词的理解及记忆。

第四，对大约一半的附录内容进行了调整撤换，使话题能常葆新鲜。

本教材适合初中等水平的学生使用，既可以作为必修课教材，每周使用四课时；也可以作为选修课教材，每周使用二课时。课文均以口语对话形式编写，便于教师使用时以口语练习方式组织学生进行小组练习。根据编者自己的使用经验，比较适合2～4

人组成一个固定的小组，课后由学生自己设计场景，在课堂上进行演练。通过练习，全班同学都可以得到一定程度的提高；同时，也可以有效地巩固并掌握相关的生词和表达方式。

本次修订过程中，所有新增生词由王睿进行英语翻译。北京大学出版社汉语编辑室唐娟华女士在本次的修订过程中提出了很多宝贵意见，谨表谢意。

2017 年 10 月

主要人物

陈方宇
远大公司总经理

王　苹
远大公司总经理秘书

刘　波
远大公司销售部经理

张云红
远大公司销售部业务员

江 原
远大公司主管销售的
副总经理

毛 进
远大公司研发部经理

赵 琳
远大公司企划部经理

高 明
远大公司人力资源部经理

白小平
远大公司销售部业务员

Contents 目录

1	第1课	公司机构
10	第2课	办公用品
21	第3课	日程安排
29	第4课	召开会议
42	第5课	阐述个人意见
52	第6课	讨论业务进展
63	第7课	广告宣传
74	第8课	抱怨与解释
84	第9课	招聘员工
95	第10课	申请休假
104	第11课	职员培训
114	第12课	企业文化
125	第13课	公司改革
136	第14课	布置任务
147	第15课	年度报告
158	附录一	生词总表
173	附录二	练习答案

第1课 公司机构

刘波通过了远大公司的面试,成为这家公司的销售部经理。在正式上班之前,王苹先给他介绍了公司各机构负责人的情况。

王 苹:刘先生,您好!我姓王,叫王苹,陈总的秘书。欢迎您加入远大公司。

刘 波:谢谢。我刚来公司,有什么不懂的地方,还要向王小姐请教。

王 苹:您千万别客气。以后我们要经常在一起工作了。我比您早来几天,有什么需要帮忙的,您尽管说。

刘 波:好,一定。

王 苹:那我先给您简单介绍一下儿公司的机构吧。您肯定已经知道了,我们公司的董事长是布莱克先生，我们公司是他于1981年在美国创立的。1993年在中国成立了分公司。

刘 波：那他平时在美国，是吗？

王 苹：是的。我们公司在全世界十几个国家都有分公司，他每年来中国一两次。中国分公司的工作主要是陈总负责。他也是亚太区的副总裁。

刘 波：嗯，我听说过。

王 苹：我们的行政副总叫吴文青，是一位女士；生产副总是周健先生；技术总监是从美国来的格林先生，他负责整个公司的技术和产品开发，是个工作非常严谨的人。

刘 波：那跟他在一起工作压力一定很大。

王 苹：您错了，很多人觉得跟他在一起工作很愉快，因为他对待自己的下属是非常宽厚的。

刘 波：负责我们销售部门的是谁？

王 苹：就是您面试的时候见过的戴眼镜的那位女士，她叫江原，是负责商务发展部和你们销售部的副总。今天她不在公司，出差去了，得等到下星期一才能回来。

刘 波：那我下周正式来上班的时候再找她吧。谢谢你的介绍，王小姐。

王 苹：不客气。

生 词

| 1. 加入 | （动） | jiārù | to join |

欢迎您加入我们的活动。/ 能加入这个国际大公司说明他很有能力。

| 2. 请教 | （动） | qǐngjiào | to consult; to seek advice |

王教授，我想向您请教两个问题，您有时间吗？

| 3. 肯定 | （副） | kěndìng | be positive; be sure |

他肯定会同意这个方案的。

| 4. 董事长 | （名） | dǒngshìzhǎng | board chairman |

我们公司的董事长姓王，大家都称他为王董。

| 5. 创立 | （动） | chuànglì | found |

企业创立之初，遇到了很多困难，可是我们都坚持下来了。

| 6. 总裁 | （名） | zǒngcái | president |

公司的新任总裁是从美国总部派来的。

| 7. 副总 | （名） | fùzǒng | vice president |

我们这里有三位副总，分别负责六个部门的工作。

| 8. 技术总监 | | jìshù zǒngjiān | chief technical director |

他是公司的技术总监，有关技术方面的事都要请示他的意见。

| 9. 严谨 | （形） | yánjǐn | stern; strict; rigorous |

严谨的工作态度是必不可少的。

| 10. 下属 | （名） | xiàshǔ | subordinate |

应该用什么样的态度对待下属，是每个老板需要认真考虑的。

| 11. 宽厚 | （形） | kuānhòu | kind |

为人宽厚才能广交朋友。

| 12. 商务 | （名） | shāngwù | business affairs; commerce |

他平时有很多商务活动，难得有假期和家人在一起。

专有名词

远大　　　　Yuǎndà　　　　name of a company

注　释

一、于："在"，常用于书面语。

　　1. 他1970年生于四川成都。

　　2. 王老于今天上午九点在上海逝世。

　　3. 这件事发生于三十年前。

二、陈总：即陈总经理的简称。

练习

一 填空

> 严谨　加入　下属　于　请教　宽厚

1. 中国于2001年底正式＿＿＿＿＿了WTO（世界贸易组织）。
2. 这家公司最初成立＿＿＿＿＿上海，后来才搬到了广州。
3. 向你＿＿＿＿＿一个问题，这个汉字是什么意思？
4. 他办事非常认真，态度＿＿＿＿＿，一丝不苟。
5. 因为关心体贴＿＿＿＿＿，公司里上上下下的人都很尊敬王总。
6. 他为人＿＿＿＿＿，很少批评、责备别人。

二 完成句子

1. 他是我们的经理，＿＿＿＿＿＿＿＿＿＿＿＿＿＿＿＿＿＿＿＿。（负责）
2. 他现在在哪儿我也不清楚，但是＿＿＿＿＿＿＿＿＿＿＿＿＿＿＿。（肯定）
3. A：看他总是一脸严肃的样子，跟他在一起工作肯定很没意思。
   B：＿＿＿＿＿＿＿＿＿＿＿＿＿＿＿＿＿＿＿＿＿＿＿＿＿＿。（您错了）
4. 今天讲的内容你都明白了吗？＿＿＿＿＿＿＿＿＿＿＿＿＿＿＿
   ＿＿＿＿＿＿＿＿＿＿＿＿＿＿＿＿＿＿＿＿。（有什么需要……的）
5. 马路上车很多，＿＿＿＿＿＿＿＿＿＿＿＿＿＿＿＿＿＿＿＿。（千万）
6. 明天是星期六，可是我们的工作还没做完，看来＿＿＿＿＿＿＿＿＿。（得）

三 口语练习

1. 下面是蓝天公司的组织机构图，请介绍每个部门负责人的情况。

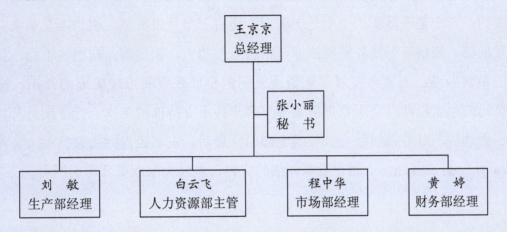

2. 假如你是香港新力公司的总裁助理，今天你的公司新来了一位经理，请你向他介绍你们公司的组织机构情况。下图是你们公司的组织结构图：

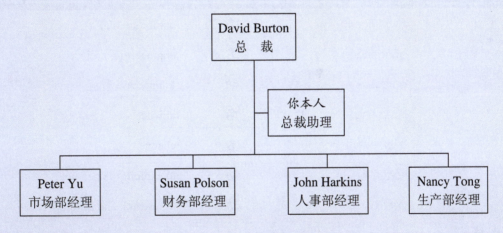

3. 你们公司各部门的负责人是谁？他们的职务分别是什么？

4. 假设你们班成立一个公司，请给每个人分配一个职务，并介绍他们的工作范围。

四 阅读练习

远大公司来了一批参观者，秘书王苹正在给大家介绍公司的组织机构情况。她首先代表公司对大家的到来表示了欢迎，然后将客人带到了展览室。展览室的墙上挂着公司的组织机构图，王苹指着图表向大家一一说明。公司的最高管理者是总经理，下面还有四个副总经理，分别负责不同的业务部门。生产副总负责的三个部门都是与产品生产相关的，一个是产品部，一个是工程部，还有一个是采购部。销售副总负责销售部与商务发展部，销售部与商务发展部都与销售业务相关，销售部面向国内市场，负责中国市场的销售业务；而商务发展部则负责公司的全球联盟和市场渠道的开拓。技术总监也是公司的总工程师，全面负责研发部与客户技术支持部的工作。行政副总负责人力资源部、企划部、财务部和办公室等四个部门。最后，王苹还告诉大家，远大公司的网址是www.yuanda.com.cn，上面有很多详细的资料，欢迎大家浏览公司的网页。

生　词

1. 展览室	zhǎnlǎnshì	名	exhibition hall
2. 工程	gōngchéng	名	engineering; project
3. 采购	cǎigòu	动	to purchase
4. 联盟	liánméng	名	alliance
5. 渠道	qúdào	名	channel
6. 开拓	kāituò	动	to exploit; to open up
7. 研发	yánfā	动	to research and develop
8. 技术支持	jìshù zhīchí		technique support
9. 人力资源	rénlì zīyuán		human resources
10. 企划	qǐhuà	名	layout
11. 财务	cáiwù	名	financial affairs
12. 详细	xiángxì	形	in detail; detailed
13. 浏览	liúlǎn	动	to browse

（一）选择正确答案

1. 远大公司有几位副总经理？（　　）
   A. 两位　　　　　B. 三位　　　　　C. 四位

2. 下面哪个部门属于生产副总负责？（　　）
   A. 商务发展部　　B. 采购部　　　　C. 研发部

3. 技术总监负责哪个部门？（　　）
   A. 工程部　　　　B. 产品部　　　　C. 技术支持部

4. 远大公司一共有多少个部门？（　　）
   A. 四个　　　　　B. 九个　　　　　C. 十一个

（二）判断对错

☐ 1. 远大公司的最高管理者是总裁。
☐ 2. 生产副总负责产品部和采购部。
☐ 3. 技术总监负责研发部和客户技术支持部。
☐ 4. 行政副总的职责是全面负责办公室的工作。

（三）下面是一些商业组织类型的名称，你们公司属于什么类型？其他类型的公司你能举例说明吗？

1. 非公开上市公司　　　　private company
2. 公开上市公司　　　　　public company
3. 公司　　　　　　　　　company/corporation
4. 国有公司　　　　　　　nationalized company
5. 合作社　　　　　　　　cooperative
6. 境外公司　　　　　　　oversea company
7. 控股公司　　　　　　　holding company

8. 跨国公司　　　　　　　multinational company
9. 母公司　　　　　　　　parent company
10. 有限责任公司　　　　　limited company

附录

1. 大地集团组织结构图：

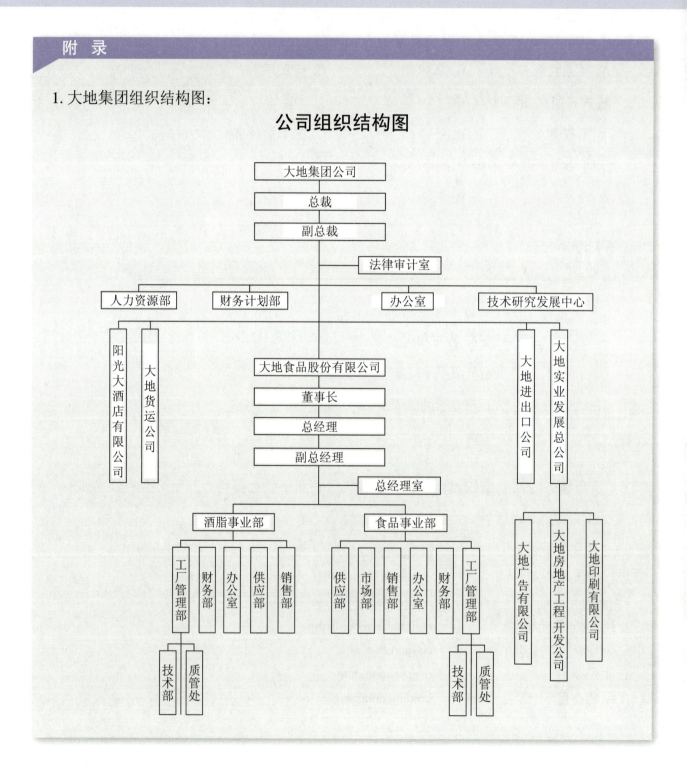

2. 宇宁科技发展公司组织结构图:

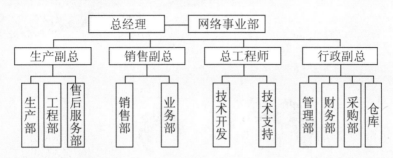

3. 美国宏桥信息企业集团组织结构图:

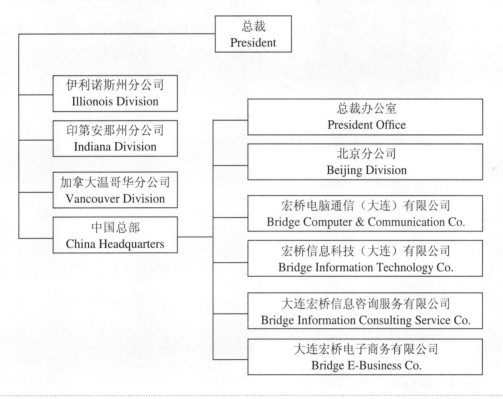

讨论:

1. 请说说这三个组织结构图相互之间有什么共同点与不同点。
2. 你认为这三个图哪一个最全面、最详细?
3. 从图中内容所反映的业务范围来看,你能看出哪家企业从事的是比较传统的产业吗?

第 2 课　办公用品

今天是刘波第一天到远大公司上班,所以他很早就到公司了,人力资源部经理高明把他带到了销售部。

刘　波:高经理,您好!

高　明:啊,是小刘!你这么早就来啦!

刘　波:您不是比我还早嘛!今天第一天上班,我想早点儿来,熟悉一下儿这里的环境。

高　明:好,来,我领你到销售部去看看。

　　　　(销售部办公室除了张云红以外,别的职员还都没到。)

张云红:早上好,高经理!

高　明：小张，我来给你介绍一下儿。这位就是你们销售部新来的经理刘波。这位是咱们销售部的业务员张云红。小张，以后主要由你来协助刘经理的工作。

张云红：好的。欢迎您，刘经理！

刘　波：你好！张小姐。以后还要请你多多帮助。

高　明：刘经理，具体情况由小张来给你介绍介绍，有什么事你可以去我的办公室找我。

刘　波：谢谢您，高经理。

（高明离开了。）

张云红：刘经理，那我先领您看一下儿这里的办公设备吧。

刘　波：谢谢。

张云红：刘经理，这是您的办公桌！这些都是特意为您新买的。还有这把真皮转椅，也是新买的。您试试舒服不舒服？

刘　波：（坐在椅子上左右转了一下儿）不错，很舒服。

张云红：对了，您打开抽屉看一下儿，我昨天为您准备了办公用品，您看够不够，不够的话再帮您准备。

刘　波：好！（打开抽屉）嗬！东西还真不少，有圆珠笔、自动铅笔、记号笔、涂改液，还有订书器和订书钉。噢，里边还有一块橡皮和一把尺子呢。

张云红：您看，还需要什么吗？

刘　波：这里好像没有即时贴。对了，优盘和移动硬盘有吗？

张云红：没问题，过一会儿我就给您拿来。除了这些以外，您还需要什么？

刘　波：再给我几个活页夹吧，好放文件。别的暂时不要了。谢谢你！

张云红：别客气！

刘　波：我桌子上的这两部电话号码是多少？

张云红：红色的那部是内线电话，您的号码是6288；银灰色的那部是国际直拨电话，号码是68721899。

刘　波：对了，我现在能试试我的电脑吗？

张云红：当然可以。

（刘波打开电脑以后，认真地看着电脑上的软件。）

刘　波：嗯，我们使用的是英文操作平台，不过有中文输入法。软件还不少。……咦，怎么没有杀毒软件啊？

张云红：噢，我们原来那个杀毒软件版本比较低，很多病毒都杀不掉，所以电脑里都刚换上新软件，今天就给您把新软件安装上。

刘　波：那太好了。

张云红：您和赵先生的激光打印机是共享的，打印机在赵先生的桌子那儿。还有，如果您需要复印的话，可以到隔壁的复印室，我们有好几台复印机呢。传真机也在那个房间里。

刘　波：好，谢谢你，张小姐。好像其他同事也都到了，咱们一起去看看吧。

张云红：行，正好我可以给您介绍一下儿其他同事。

生词

| 1. 熟悉 | （动） | shúxi | be familiar with |

鲁迅是中国人都熟悉的著名作家。

| 2. 领 | （动） | lǐng | show the way to |

请各部门派一个人来办公室领会议材料，领回去后请认真阅读。

| 3. 设备 | （名） | shèbèi | equipment; facility |

他们公司的大部分设备已经使用十年以上，相当老化了。

| 4. 特意 | （副） | tèyì | for a special purpose |

这是我特意从家乡带来的小吃，请大家品尝一下儿。

| 5. 真皮 | （名） | zhēnpí | genuine leather |

我刚买了一套真皮沙发。

| 6. 转椅 | （名） | zhuànyǐ | swivel chair |

书房里的那把转椅坐起来特别舒服，你试试。

| 7. 抽屉 | （名） | chōuti | drawer |

学校新订的这批课桌不带抽屉。

| 8. 订书器 | （名） | dìngshūqì | stapler |

你把订书器放哪儿了？

| 9. 订书钉 | （名） | dìngshūdīng | staple |

咱们办公室里没有订书钉了，我去隔壁房间看看。

| 10. 即时贴 | （名） | jíshítiē | sticker |

这种即时贴很好用，你试试。

| 11. 优盘 | （名） | yōupán | flash disk |

我把优盘弄丢了，里面有好多有用的文件呢！

| 12. 移动硬盘 | | yídòng yìngpán | removable hard drive |

这个移动硬盘的容量非常大。

| 13. 活页夹 | （名） | huóyèjiā | ring binder |

王总还缺几个活页夹，你把这几个活页夹给他送过去吧！

| 14. 暂时 | （副） | zànshí | temporarily |

关于他的病情，暂时先不要告诉他，等专家会诊以后再决定。

| 15. 银灰 | （形） | yínhuī | silver gray |

老李买的新车是银灰色的。

| 16. 直拨 | （动） | zhíbō | direct dial |

咱们办公室的电话不能直拨，前面必须要加一个"0"。

| 17. 操作平台 | | cāozuò píngtái | service platform |

他们公司是外企，所以电脑使用的都是英文操作平台。

| 18. 输入法 | （名） | shūrùfǎ | method of inputing |

我的电脑里只安装了中英文输入法，泰语的没安装。

办公用品 第2课

13

| 19. 软件 | （名） | ruǎnjiàn | software |

这台电脑里怎么没安装杀毒软件呢?

| 20. 咦 | （叹） | yí | an expression for surprise |

咦，今天李秘书怎么没来上班呢?

| 21. 杀毒 | （动） | shā dú | to kill the virus |

你电脑里安装的是什么杀毒软件?

| 22. 版本 | （名） | bǎnběn | edition |

这部作品有很多种翻译版本，其中这家出版社的版本是公认最好的。

| 23. 病毒 | （名） | bìngdú | virus |

这种病毒传播非常快，而且没有有效的药物可以控制。

| 24. 杀 | （动） | shā | to kill |

你电脑里有病毒，赶紧把它们都杀掉。

| 25. 安装 | （动） | ānzhuāng | to install |

银行都安装了摄像头，在监控室里可以看到人们的一举一动。

| 26. 激光 | （名） | jīguāng | laser |

咱们公司的打印机是激光打印机。

| 27. 打印机 | （名） | dǎyìnjī | printer |

一台打印机 / 这台打印机不好用，老坏。

| 28. 隔壁 | （名） | gébì | next door; neighbor |

会议室就在办公室的隔壁。

| 29. 复印机 | （名） | fùyìnjī | duplicating machine |

一台复印机 / 咱们公司的复印机在二楼最东侧。

办公用品 | 第 2 课

练 习

一 填空

> 真皮　软件　配套　病毒　设备　抽屉　安装

1. 他是一家电脑公司的程序设计员，他开发的_____在市场上非常受欢迎。

2. 这台电脑好像有_____了，最近经常死机（down）。

3. 咱们厂里的各种机器_____都安装好了，下周就可以投入使用了。

4. 这些沙发都是_____的，有外国进口的，也有本国生产的，您喜欢哪种款式呢？

5. 这几样都是这款机型的_____产品，你要买这台机器，最好还是连它们也一块儿买了吧。

6. 现在_____网络非常容易。

7. 这个办公桌有三个小_____，一个大_____，用起来很方便。

8. 你的计算机里安装了一些什么_____？

二 完成句子

1. 妈，您试试这件衣服合适吗？_____。（特意）

2. 我去找他的时候，_____。（正好）

3. _____，因为我经常在这一带看到他。（好像）

4. A：小王，可以给我拿一份最新的公司简报吗？
   B：_____。（没问题）

5. _____，现在的这个守门员是刚从别的俱乐部转来的。（原来）

6. _____，你们等我一下儿，对不起。（暂时）

15

公司汉语（第二版）

三 口语练习

1. 假设你现在在办公用品商店里，售货员小姐问你买什么，你怎么回答？
2. 你的办公室里有什么设备和办公用品？请简单介绍一下儿。
3. 下面哪些东西是你的办公室里有的？请把它们画出来：
   a. 钢笔　　铅笔　　圆珠笔　　白板笔　　签字笔　　记号笔
   b. 订书器　　打孔机　　卷笔刀
   c. 订书钉　　图钉　　回形针　　夹子　　胶棒　　橡皮　　尺子
      即时贴　　胶带　　活页夹　　信封　　信纸　　移动硬盘
4. 你和同学分别扮演经理和秘书，练习一段对话，即经理让秘书为自己准备办公用品，并说明用途。

四 阅读练习

　　到了年末，远景公司采购部请各部门将自己第二年所需要的物品列个清单交上来。采购部经理郑先生正在征求大家的意见，大家开始讨论起来。有的说希望换个新电脑，有的说需要扫描仪、投影仪和数码相机，还有人说激光打印机的硒鼓已经用了很长时间了，复印纸也不够了，这些耗材总去一趟一趟地领很不方便，希望采购部能为各个办公室多配备一些。也有人提出应该买一些新的正版的办公软件。郑经理一一记下，并说大家这次要购买的东西比较多，因此需要的资金也比较多，需要在公司办公会上讨论一下儿，下周他就将大家的意见反映上去。

生 词

1.	清单	qīngdān	名	list of items
2.	征求	zhēngqiú	动	to seek; to ask for (advice)
3.	扫描仪	sǎomiáoyí	名	scanner
4.	投影仪	tóuyǐngyí	名	projector
5.	数码相机	shùmǎ xiàngjī		digital camera
6.	硒鼓	xīgǔ	名	toner cartridge; print cartridge
7.	复印纸	fùyìnzhǐ	名	reprography paper
8.	耗材	hàocái	名	consumption material
9.	配备	pèibèi	动	to allocate; to provide
10.	正版	zhèngbǎn	名	legal copy

（一）大家列出的清单上有哪些东西，请画勾

复印机（ ）　　打印机（ ）　　电　脑（ ）　　照相机（ ）　　扫描仪（ ）

投影仪（ ）　　幻灯机（ ）　　涂改笔（ ）　　记号笔（ ）　　录音笔（ ）

软　件（ ）　　优　盘（ ）　　硒　鼓（ ）　　复印纸（ ）　　文件夹（ ）

（二）填空

| 征求 | 资金 | 反映 | 正版 | 清单 | 配备 |

1. 请大家节约使用办公用品，减少浪费，因为我们的_____不太充足。
2. 学校为方便大家的教学工作，给每位老师都_____了电脑。
3. 买书籍、光盘都要买_____的，不要买盗版的。
4. 新年晚会上销售部是否表演节目，刘波正在_____大家的意见。
5. 每次出差前，要带什么行李，我都要提前列一个_____，免得丢三落四。
6. 工作中出现问题要及时向上_____。

附 录

办公用品

一、办公设备

打印机　传真机　修边机　复印机　标签机　装订机　塑封机
碎纸机　切纸机　扫描仪一体机

二、数码产品

MP3　MP4　IPOD及配件　GPS　数码相机　数码摄像机　数码相机伴侣
数码配件　存储卡　读卡器　数码录音笔　电子辞典

三、展示用品

白板　软木板　磁粒教鞭　挂纸　书报　杂志架　投影仪
板擦　激光笔　投影幕绿板

四、桌上用品

笔筒　订书机　订书钉　起钉器　大头针　图钉　工字钉　回形针　剪刀
计算器　美工刀　打孔器　铅笔刀　夹子　推夹器　备用夹　阅稿架　胶水
胶棒　封箱器　胶带座　宽胶带　窄胶条　便签座　便签纸　双面胶　尺子

五、纸、簿本

不干胶打印纸　打印纸　复印纸　测绘用纸　皮纹纸　广告纸　簿本活页纸
万用手册　工商日记本　电话地址本　收银纸　价签纸　证书　请柬　聘书

六、通讯设备

无绳电话　普通电话机　对讲机　电话配件　视频会议　电话音频
会议电话　电话交换机　耳麦电话

七、办公软件

杀毒软件　游戏软件　学习软件　应用软件

八、办公耗材

墨盒　墨粉　硒鼓　色带　带架投影胶片　光盘　光盘盒　录像带

九、财务用品

财务装订机　支票打印机　点钞机　验钞机　印章箱　印台　印油
复写纸　口取纸　账簿凭证单据　垫板　章垫　凭证盒　档案盒
档案袋　报销单

十、书写工具

电话笔　涂改液　钢笔　墨水　铅笔　笔芯　派克笔　圆珠笔　签字笔　荧光笔　白板笔　记号笔

十一、资料管理

书立文件柜　文件栏　文件盘　文件筐　风琴包　空格包　公事包　档案盒　名片盒　名片册　分页索引纸　拉边袋　纽扣袋　单页夹　抽杆夹　报告夹　纸文件夹　票据夹　板夹　资料册强力夹　多孔夹　塑料档案袋

十二、整机配件

笔记本电脑　台式机电脑　显示器　内存条　笔记本配件　鼠标　键盘　鼠标垫　网线　转换插头　网卡　插座　UPS电源　移动硬盘　优盘　耳机　音箱　摄像头　刻录机　光驱

十三、办公家具

铁皮柜　保险柜　保险箱　办公椅　办公桌　书柜

第 3 课　日程安排

> 王苹刚上班一会儿，她桌子上的电话就响了，王苹接电话。

王　苹：喂，你好！远大公司。

古经理：喂，你好！请问陈总在吗？

王　苹：请问您是哪位？您找他有什么事？

古经理：我是新华公司的古大成，我想跟陈总约个时间见面，讨论一下儿两家公司合并的问题。你看他这个星期有时间吗？

王　苹：是古经理呀，您稍等一下儿，可以吗？

古经理：好的。

王　苹：（通过内线电话找到陈总）陈总，新华公司的古经理想跟您约个时间见面，谈一下儿公司合并的事。

陈方宇：好，你看一下儿我的日程安排，替我安排一个时间。

（王苹查看了陈总的日程安排以后，又接起古经理的电话。）

王　苹：喂，古经理，陈总这个星期三下午2：30以后和星期四上午10：00以后有时间，您看，什么时间对您比较合适？

古经理：嗯，我想早一点儿跟陈总见面，那就星期三下午吧。请转告陈总，我下午2：30准时去他办公室。

王　苹：好的，我一定转告。再见，古经理。

古经理：再见！

生　词

1. 约	（动）	yuē	to make an appointment

这个周末我已经约好了和几个朋友一起搞个家庭聚会。

2. 合并	（动）	hébìng	to unite; to incorporate

两家公司合并后，产生了不少新问题。

3. 稍	（副）	shāo	a bit; a little

这个问题只要稍加注意就可以了，你不必太担心。

4. 日程	（名）	rìchéng	schedule

王总，这是您今天的日程安排。

5. 替	（动）	tì	on behalf of

家长不要什么事都替孩子做，要注意培养他们的自理能力。

6. 转告	（动）	zhuǎngào	to send word to

请大家互相转告一下儿，本周五上午10点在会议室开会。

7. 准时	（形）	zhǔnshí	on time

明天的活动请大家一定准时到场。

专有名词

1. 新华　　　　Xīnhuá　　　　　　name of a company
2. 古大成　　　Gǔ Dàchéng　　　　name of a person

练习

一 填空

> 日程　稍　准时　合适　对　合并　转告

1. 这是我们为您安排的访问_____表，你看_____吗?
2. 两家公司_____以后，据说有10%的员工要下岗。
3. 这种颜色_____我不_____，麻烦你给我拿一下儿那件黑色的。
4. 这不是什么大问题，以后_____注意点儿就行了。
5. 你_____他了吗? 他昨晚怎么没给我回电话?
6. 明天开会请大家_____出席，陈总要宣布一个重要的决定。

二 完成句子

1. 我是大友公司的张强，_____。(跟……约个时间)
2. 明天要早起，_____。(早一点儿)
3. A：小王，快餐店送的盒饭要到了，可我这儿还有点儿事没忙完，_____ _____。(替)

    B：好的，没问题。
4. _____，你帮我找一下儿那条红领带。(跟……见面)

三 口语练习

1. 你是前程公司方总的秘书,王天明是另一家公司的经理。下面是方总的日程表,请你根据它来组织一段对话,安排王天明与方总见一面。

	星期一(22号)	星期二(23号)	星期三(24号)	星期四(25号)	星期五(26号)
上午	跟全体部门经理开会	参观国际展览中心丝绸展览	会见招商银行信贷科科长		考察天津工厂生产情况
下午		会见外地来京客户		赴天津考察	2:00 回京 5:30 下班

2. 你们公司的一位老客户想跟你见面,可是这个星期你没有时间,请在电话中告诉他你不能见他,并说明理由。

3. 有人打电话要跟你的老板见面,可是你不知道老板愿不愿意见他,请先向你的老板汇报一下儿,征求他的意见。

4. 你是总经理秘书,你的老板不愿意见的一个人打电话来要见他,请你帮老板委婉地拒绝这个人的要求。

四 阅读练习

张明明和王苹是大学时的同班同学,现在她们俩分别是两家公司的总经理秘书,由于业务上的需要,两位总经理计划在本周见一次面,张明明和王苹根据总经理的日程表来安排他们的会见。

下面是两位总经理的一周日程安排。

表一 王苹公司的总经理陈方宇的日程安排

	星期一	星期二	星期三	星期四	星期五
上午	参加上海贸易洽谈会	10:30 CA208 从上海回京		与财务部经理讨论下一季度财政预算	现代公司副总经理韩钢来访
下午	与参加贸易洽谈会的客户见面		太阳广告公司张经理来访		例会
晚上	晚宴				

表二　张明明的公司总经理赵力的日程安排

	星期一	星期二	星期三	星期四	星期五
上午	例会	陪德国客人参观生产线	参加促销员大会	记者招待会及新闻发布会	考察公司各部门
下午	去机场接德国客人	与德国客人洽谈合作项目			

经过对照，张明明和王苹发现两位总经理只有周四的下午都有空，可以安排见面。

（一）判断对错

☐ 1. 两家公司的总经理是大学时代的同学。
☐ 2. 王苹是赵力的秘书。
☐ 3. 本周陈方宇有宴会活动，而赵力没有。
☐ 4. 看起来陈方宇比赵力要忙得多。
☐ 5. 张明明要参加上海贸易洽谈会。

（二）选择正确答案

1. 赵力周三上午有什么活动？（　　　）

　A. 促销员大会　　　　B. 新闻发布会　　　　C. 贸易洽谈会

2. 陈方宇去哪里出差了？（　　　）

　A. 广州　　　　　　　B. 西安　　　　　　　C. 上海

3. 赵力要去机场接什么客人？（　　）

　　A. 著名记者　　　　　　B. 德国客人　　　　　　C. 广告公司经理

4. 两位秘书发现她们的总经理只有哪个时间有空？（　　）

　　A. 周二下午　　　　　　B. 周三上午　　　　　　C. 周四下午

（三）选词填空

1. ＿＿＿＿＿＿贸易洽谈会（参观 / 参加）

2. 周五上午有重要客人＿＿＿＿＿＿（来访 / 出访）

3. ＿＿＿＿＿＿新闻发布会（召开 / 召见）

4. ＿＿＿＿＿＿外国客人（见面 / 会见）

5. 与合作公司＿＿＿＿＿＿项目（洽谈 / 谈话）

6. 与财务经理＿＿＿＿＿＿下一年度的预算安排（谈判 / 讨论）

7. ＿＿＿＿＿＿父母游览长城（陪 / 接）

8. ＿＿＿＿＿＿各部门的工作情况（考试 / 考察）

附 录

环宇集团公司迎接同行业参观团访问日程安排

6月7日（星期一）

上午

9：00　　首都机场迎接参观团

10：30　 五洲大酒店办理入住手续

11：00　 酒店多功能厅举行欢迎会

12：00　 酒店三楼餐厅公司领导设宴欢迎

下午

2：30　　集团副总介绍公司历史、现状、规模及未来发展规划

4：00　　会间休息

4：15　　业务经理介绍公司具体业务情况

晚上

6：00　　酒店三楼餐厅晚餐

7：15　　北京音乐厅欣赏专场音乐会

6月8日（星期二）

上午

7：00　　酒店一楼自助餐厅早餐

8：00　　参观公司电子元件生产工厂

12：00　　工厂餐厅就餐

下午

2：00　　与工厂技术人员与管理人员分组讨论

5：30　　返回五洲大酒店

晚上

6：00　　酒店三楼餐厅晚餐

8：00　　都市乡村休闲俱乐部娱乐活动

6月9日（星期三）

上午

7：00　　酒店一楼自助餐厅早餐

8:00	与公司人员经验交流会
10:30	分组讨论
12:00	酒店三楼餐厅就餐

下午

2:30　乘车去市内景点观光、购物

晚上

6:30　前门全聚德烤鸭店就餐

餐后自由活动

6月10日（星期四）

上午

7:00	办理退房手续
8:30	送机场（第一批）
12:00	送机场（第二批）

讨论：

1. 这个参观访问团的活动一共为期几天？
2. 他们的时间安排是否紧张？整个行程的安排合理吗？
3. 你认为哪天的活动比较重要？为什么？
4. 他们安排的娱乐休闲之类的活动有哪些？你认为多不多？接待者是出于什么考虑为客人们安排了这样的活动？你觉得有必要吗？

第4课 召开会议

销售部经理刘波正在给下属职员开会,分析公司目前的境况。

刘　波:大家好!我想大家都已经看到会议通知上写的今天的议题了吧。

张云红:对,我们都看到了。

刘　波:大家最近恐怕已经感觉到了,我们公司正面临着巨大的挑战,我们的工作压力越来越大。

张云红:是啊,我最近晚上常常失眠。

刘　波:我们公司现在销售状况大不如前,主要是因为我们目前有三个强有力的竞争对手。

白小平：第一个肯定是华强公司。

刘　波：对。虽然华强公司成立时间比我们晚5年，但是他们自从进入市场以来，发展异常迅速。我们的市场份额已经被他们抢去了不少。去年他们更是一举超越了我们，目前在中国的市场份额是第一位。

白小平：他们的同类产品比我们的质量高、性能好，价格却比我们的低，自然比我们的产品更有竞争力。

刘　波：不过他们也有弱点，靠打价格战来占有市场，他们的利润率目前应该是非常低的。我们的第二个竞争对手是国威公司，虽然现在他们的市场占有率不如我们高，但是已经成为我们的另一个强有力的竞争对手了。

张云红：这个公司我太了解了，去年我没少跟他们打交道。他们的卖点是产品的售后服务。不但一年以内包换，三年以内保修，还增加了定期回访和产品终身免费维护。从2017年下半年开始，他们的销售额直线上升。

刘　波：不错，我们两家目前在同类产品的市场占有率上已经不相上下了。

张云红：诚信公司算不算我们的劲敌呀？我觉得诚信最近搞得也不错。

刘　波：我要说的第三个竞争对手正是诚信公司。他们的产品定位非常好。虽然他们的产品比市场上同类产品价格要高不少，但是他们的客户群是各大公司的高层管理人员。他们走的是创品牌的路子。现在他们的利润率非常高。我们在这一块市场上始终没能竞争过他们。

张云红：唉，一想到这些我就头疼。

刘　波：总的来说，我们的前景不容乐观，在下一年里，我们必须全力以赴地扩大市场份额，增加销售量，否则的话，我们的日子就真的不好过了。希望大家能为公司的发展献计献策。

召开会议 | 第 4 课

生　词

1. 恐怕　　　　（动）　　　kǒngpà　　　　　　　perhaps; maybe; be afraid that
   这样做恐怕不太合适吧?

2. 巨大　　　　（形）　　　jùdà　　　　　　　　massive; great; large
   中国是个巨大的市场，吸引了各国的投资商。

3. 失眠　　　　（动）　　　shī mián　　　　　　insomnia
   他长期失眠，所以我们不能再给他压力了。

4. 大不如前　　　　　　　　dà bù rú qián　　　　much worse than before
   最近，我们的市场表现大不如前，我们要好好儿总结一下儿，看问题到底出在哪里。

5. 竞争　　　　（动）　　　jìngzhēng　　　　　　to compete
   近些年大学毕业生找工作竞争非常激烈。

6. 异常　　　　（形）　　　yìcháng　　　　　　　extreme; abnormal
   请你注意这台仪器，一旦出现异常信号，马上叫我!

7. 份额　　　　（名）　　　fèn'é　　　　　　　　share; quotient
   我们的市场份额已经从三年前的10%上升到了20%。

8. 抢　　　　　（动）　　　qiǎng　　　　　　　　to penetrate; take share (of the market)
   我们的新产品一定要抢在别的公司前面问世，这样才会保持竞争优势。

9. 一举　　　　（副）　　　yìjǔ　　　　　　　　　at one stroke
   在本届游泳比赛上，来自美国的这名小将一举拿下了五项个人冠军。

10. 超越　　　　（动）　　　chāoyuè　　　　　　to exceed; to surpass
    每个人都要超越自己。

11. 弱点　　　　（名）　　　ruòdiǎn　　　　　　weakness
    谁都有弱点，关键是看你怎么发挥自己的优点。

12. 利润率　　　（名）　　　lìrùnlǜ　　　　　　profit margin
    这些年，我们公司的利润率一直保持在15%左右。

13. 市场占有率　　　　　　　shìchǎng zhànyǒulǜ　　market share
    他们的产品市场占有率不高，但利润率却不低，因为他们走的是高端路线。

31

14. 打交道		dǎ jiāodào	deal with
他很擅长与人打交道，所以销售这个岗位很适合他。			
15. 卖点	（名）	màidiǎn	selling point
这款手机的卖点就是它的外形，很吸引爱好时尚的年轻女性。			
16. 包	（动）	bāo	to guarantee
餐饮业招工的条件之一就是包吃包住，所以对外地来打工的人很有吸引力。			
17. 定期	（形）	dìngqī	regularly
为了保证安全运行，电梯要定期检修。			
18. 回访	（动）	huífǎng	to pay a return visit
他们保存所有的客户资料是为了方便电话回访，以了解客户对产品的满意程度。			
19. 终身	（名）	zhōngshēn	for life
他终于获得了这所著名大学的终身教授资格。			
20. 维护	（动）	wéihù	to maintain
每个公民都会自觉维护国家的利益。			
21. 销售额	（名）	xiāoshòu'é	sales quantum
这个季度的销售额怎么样？统计出来了吗？			
22. 不相上下		bù xiāng shàng xià	be the same with; more or less
他们俩的水平不相上下，很难简单作出评论。			
23. 劲敌	（名）	jìngdí	strong competitor
在小组赛上，我们会碰到两个劲敌，要想取得出线权就要经过苦战。			
24. 搞	（动）	gǎo	to do
他虽是搞研发的技术员，但是对市场也必须有一定的关注。			
25. 定位	（动）	dìng wèi	position
他们公司的产品定位很准确，因此市场占有率很高。			
26. 客户群	（名）	kèhùqún	clients
我们的客户群就是大学生。			

27. 创品牌		chuàng pǐnpái	to establish brand name
经过十几年的努力,他们终于创出了自己的品牌。			
28. 乐观	(形)	lèguān	optimistic
一个人的成就很重要,但乐观的生活态度更重要。			
29. 全力以赴		quánlì yǐ fù	to do one's best
你只有全力以赴才能在事业中取得成就。			
30. 否则	(连)	fǒuzé	otherwise; or else
一个人首先要尊重别人,否则也得不到别人的尊重。			
31. 献计献策		xiàn jì xiàn cè	to advice; to contribute opinions
员工们都愿意为企业的发展献计献策。			

专有名词

1. 华强　　　Huáqiáng　　　name of a company
2. 国威　　　Guówēi　　　　name of a company
3. 诚信　　　Chéngxìn　　　name of a company

注　释

一、恐怕:副词,有"也许""说不定"的意思,表示对情况的猜测或者估计。
　　1. 他这个时候还不来,恐怕堵车了吧?
　　2. 乌云满天,恐怕要下大雨了。
　　3. 事情还没办完,他恐怕下个月才能回来。
　　4. 这样处理恐怕不太合适吧?

二、自然:副词,有"当然""一定"的意思,表示情况理应如此。
　　1. 他是教师,自然很关心教学改革。
　　2. 吸烟过多,自然要影响身体健康。
　　3. 老友相逢,自然有说不完的话。
　　4. 南方雨水多,气候自然比北方要湿润得多。

三、包：动词，有"负责""担保"的意思，可以组成以下词语，如：
包修　包退　包换　包赔　包销

四、否则：连词，有"不然""要不""如果不这样"的意思，表示根据前面所说的条件推出结果或者产生某种情况，后可同助词"的话"连用。
1. 老板要重视同下属的关系，否则可能导致关系紧张，对工作不利。
2. 他大概不反对，否则的话，为什么当时一句话也不说？
3. 他一定有要紧的事，否则不会接连打三次电话来。

练习

一 填空

面临　挑战　失眠　竞争　一举　份额　卖点　搞　超越　上升　劲敌　终身

1. 他犯了法，被判_____监禁。
2. 我们以前没有做过这一类的工作，这对我们来说是一个极大的_____。
3. 这家公司是我们公司的_____，我们之间的竞争一直非常激烈。
4. 现在_____越来越激烈，所以每个人都应该努力工作。
5. 人最难的是_____自我。
6. 小林在上次的比赛中_____夺得了两个冠军。
7. 他在公司是_____人事工作的。
8. 最近他工作上的压力太大了，晚上经常_____。
9. 现在他们的公司一点儿都不景气，很多人_____着下岗的危险。
10. 你们公司这次推出的新产品的_____是什么？
11. 这位大股东持有的我们公司的股票_____已经接近30%。

12. 最近市场很活跃，他们的销售额＿＿＿＿＿＿＿＿很快。

二 完成句子

1. 他以前一直搞这方面的工作，＿＿＿＿＿＿＿＿＿＿＿＿＿＿＿＿。（肯定）
2. 剩下的时间越来越少，＿＿＿＿＿＿＿＿＿＿＿＿＿＿＿＿。（恐怕）
3. 想扩大市场份额，不能＿＿＿＿＿＿＿＿＿＿＿＿＿＿＿＿。（靠）
4. 现在是夏天，＿＿＿＿＿＿＿＿＿＿＿＿＿＿＿＿。（自然）
5. 今天我们必须完成这些任务，＿＿＿＿＿＿＿＿＿＿＿＿＿＿。（否则）
6. 他们公司开拓市场＿＿＿＿＿＿＿＿＿＿＿＿＿＿＿＿。（走……的路子）

三 口语练习

以下为主持会议和参加会议的人常用的一些句式，请使用这些句式讨论下面的话题。

（一）句式

1. 下面是会议主持人常用的一些句子，请你参考这些说法，主持一场会议。

（1）宣布会议开始：
　　现在我们开始开会！
　　我们开会吧！

（2）介绍会议议题：
　　今天我们要讨论的是：……
　　我们今天主要有三件事：一是……；二是……；三是……
　　今天我们请大家来主要是为了……

（3）鼓励参会人讲话：
　　小王，你的意见呢？
　　小李，你有什么看法？
　　小张，你来说说看。

（4）让跑题的人停下来：
我们回到刚才的话题上，好吗？
现在说得有点儿远，咱们还是先讨论今天的问题吧。

（5）让重复的人停下来：
这一点我们已经讨论过了。
这个问题我们刚才已经说过，现在就不重复了。

（6）进行总结：
总的来说，我们今天……
这件事我们就这样定下来了。

（7）宣布会议结束：
今天的会就开到这里吧。
散会！

2. 下面是参加会议的人常用的一些句子，请你参考这些说法，准备在一次会议中发言。

（1）请求发言：
我能说点儿什么吗？

（2）打断别人的话：
对不起，打断一下儿，……
对不起，我想插一句，……

（3）说出自己的意见：
我的感觉 / 想法 / 看法是……
我觉得 / 认为……

（4）不想说出不同意见：
关于这一点，我保留意见。

（二）话题

1. 公司今年的销售情况比去年差很多，为了公司的发展，作为老板，你必须降低员工的工资，可是又不能打击员工的积极性，请你向大家说明情况。

2. 最近，全球经济疲软，你的公司也受到了影响，不得不裁员。作为老板，请你在公司开个全体会议，说明必须裁员的原因。

3. 每个公司都会有不同的竞争对手，你以前所在的公司是什么公司？你们最大的竞争对手是谁？请分析一下儿你们公司跟他们竞争的优势和劣势。

4. 最近你的公司不景气，已经有很多职员跳槽去别的公司了，你的得力助手金先生也想去别的公司，请你尽力挽留他。

四 阅读练习

在会议过程中，由记录人员把会议的组织情况和具体内容记录下来，就形成了会议记录。"记"，既可以详记，也可以略记。略记是记会议大要，也就是会议上重要或主要的言论。详记则要求记录的项目必须完备，记录的言论必须详细完整。如需要全部留下包括以上内容的会议记录则要靠"录"。"录"有笔、音录和像录这几种方式。对会议记录而言，音录、像录通常只是手段，最终还要将录下的内容写成文字。笔录也常常要借助音录、像录，作为最大限度地再现会议情境的保证。

会议记录要注意以下事项：

1. 真实准确：要如实记录别人的发言，不论是详细记录，还是概要记录，都必须忠实原意，尤其是会议决定之类的东西，更不能有丝毫出入。真实准确的要求具体包括：不添加，不遗漏，依实而记；清楚，首先是书写要清楚，其次，记录要有条理，突出重点。

2. 要点不漏：记录的详细与简略，要根据情况决定。一般来说，决议、建议、问题和发言人的观点、论据材料等要记得具体、详细。一般情况的说明，可抓住要点，略记大概意思。

3. 始终如一：始终如一是记录者应有的态度。这是指记录人从会议开始到会议结束都要认真负责地记到底。

4. 注意格式：格式并不复杂，一般有会议名称、会议基本情况。基本情况包括：时间、地点、出席人员、主持人、缺席人、记录人。会议内容，这是会议记录的主要部分，包括发言、报告、传达、建议、决议等。

凡是发言，都要把发言人的名字写在前面。一定要按发言顺序记录，先发言记录在前，后发言记录在后。记录发言时要掌握发言的质量，重点要详细，重复的可略记，但如果是决议、建议、问题或发言人的新观点，则一定要具体详细地记录。

生　词

1. 详	xiáng	形	detailed
2. 略	lüè	形	brief; sketchy; simple
3. 概要	gàiyào	名	essentials
4. 添加	tiānjiā	动	to add; to append
5. 遗漏	yílòu	动	to omit; to leave out; to miss
6. 条理	tiáolǐ	形	orderliness
7. 掌握	zhǎngwò	动	to master
8. 决议	juéyì	名	resolution; decision

（一）选择正确答案

1. 会议记录的"录"不包括：（　　）

    A. 笔录　　　　　　　B. 音录　　　　　　　C. 记忆　　　　　　　D. 像录

2. 会议记录要注意的要点不包括：（　　）

    A. 决议　　　　　　　　　　　　　　B. 主持人的主持词

    C. 发言人的观点　　　　　　　　　　D. 与会者提出的问题和建议

3. 记录者应有的态度是：（　　）

    A. 宁缺毋滥　　　　　B. 适当取舍　　　　　C. 轻松自然　　　　　D. 始终如一

4. 下面哪项不是会议记录中有关会议基本情况的内容？（　　）

    A. 参会人数　　　　　B. 会议时间　　　　　C. 会议决议　　　　　D. 出席人员

5. 对会议记录的顺序的要求是：（　　）

    A. 不需要写发言人的名字　　　　　　B. 先发言写在前，后发言写在后

    C. 记录时重点要详细，重复的可以不记　　D. 决议、建议、问题等简单记录即可

（二）判断对错

☐ 1. 记录别人的发言、会议决议等要简练，必要时可以加入记录者的观点。
☐ 2. 记录要书写清楚。
☐ 3. 记录要完整真实，所以要把会议内容完全记录下来，不必分条理重点。
☐ 4. 会议记录可以略记，也就是说会议决议等内容都可以有选择性地记录。
☐ 5. 会议记录即使用了音录、像录等手段，也需要再整理成文字。

附 录

会议记录的格式

远大公司办公会议记录
时间：2017 年 9 月 15 日 14 时 地点：二楼会议室
出席人：　　　　　　　　　　　缺席人： 主持人：　　　　　　　　　　　记录人： 主持人发言：　　　　　　　　　与会者发言：
散会
主持人： 记录人：
（本会议记录共 × 页）

会议议程记录		
主题：	时间：2017年9月15日14时 地点：二楼会议室	
会议召集人： 会议服务人员： 主持人：	会议类型： 会议记录员：	
参会人员： 请阅读： 请携带：		
会议议题		
议题：		
结论：		
执行方案：	个人职责：	截止日期： 　　年　　月　　日
附加信息：		
旁听人员： 资料员： 特别注释：		

讨论：

1. 你做过会议记录吗？一般哪些人会担任会议记录员？
2. 会议记录有什么重要性？是否任何会议都必须有会议记录？
3. 这份会议记录包含哪些主要内容？最重要的部分是什么地方？
4. 为什么最后要有签名一栏？你怎么理解这项要求？

第 5 课 阐述个人意见

> 早晨上班时间,在公司入口打卡处,王苹碰到了赵琳。

王　苹:赵经理,陈总让我转告你,叫你有时间去他的办公室一趟。

赵　琳:他找我什么事?你可否透露一点儿消息?

王　苹:哎呀,具体什么事我也不太清楚。不过,这几天陈总看起来心情不错,估计他找你应该不会是什么坏事。

赵　琳:这我就放心了。

　　　　(赵琳来到陈总的办公室。)

赵　琳:陈总,您找我?

陈方宇：啊！是小赵，快进来，请坐！

赵　琳：谢谢。

陈方宇：小赵，上回你写的那份报告我看了，很有新意。现在你是销售部的副经理，干得不错。不过，看了你的报告之后，我觉得你做企划，可能更能发挥你的才干。公司打算成立一个新的部门——企划部，我准备提拔你去当企划部的经理，你愿意吗？

赵　琳：谢谢，陈总。我很愿意，我对这个新的部门很感兴趣，很愿意尝试一下儿。而且我也正想向领导们提出这个建议呢！

陈方宇：是吗？太好了。看来我们是不谋而合呀！那么你一定有一些想法吧，说来听听！

赵　琳：企划部虽然不能直接产生效益，但它却是公司的头脑，是一个核心部门。任何一个公司要想取得发展，必须要有一个长远而且完整的规划，并且要随着市场变化而不断调整。企划部的主要职能就是深入地调查市场，为公司发展制定方向。所以，我想先从市场分析入手。

陈方宇：说得好！很有眼光。小赵，我觉得你是个很有前途的年轻人，现在你已经是我们公司的业务骨干，希望你为公司未来的发展壮大多多贡献智慧。

赵　琳：请您放心，我一定尽力而为。

陈方宇：好，下周公司大会上我就宣布这个决定，然后你就走马上任吧！

生词

1. 趟	（量）	tàng	a measure word for one round trip

这个月我出差去了两趟上海。

2. 透露	（动）	tòulù	to leak; to reveal

真相透露出来了，大家都感到很震惊。

3. 估计	（动）	gūjì	to estimate

你估计今年市场的兴奋点会在哪些方面？

| 4. 新意 | （名） | xīnyì | fresh idea |

我觉得今年的这部大片一点儿新意都没有，没什么看头。

| 5. 销售 | （动） | xiāoshòu | to sell |

搞销售的人要有和人打交道的技巧。

| 6. 发挥 | （动） | fāhuī | to bring into play; to exert |

希望你在这次比赛中能发挥出自己的最佳水平，取得好成绩。

| 7. 提拔 | （动） | tíbá | to elevate |

公司这次提拔了两个年轻人，他们确实很优秀。

| 8. 尝试 | （动） | chángshì | to try; to attempt |

你尝试过别的方法吗？也许换个方法效果会好一些。

| 9. 不谋而合 | | bù móu ér hé | happen to have the same view |

咱们俩的意见不谋而合，可见我们确实应该这么做。

| 10. 直接 | （形） | zhíjiē | direct; immediate |

如果你有意见，直接提比较好。

| 11. 效益 | （名） | xiàoyì | benefit |

今年我们公司的效益不错，大家的收益当然会相应提高。

| 12. 核心 | （名） | héxīn | core; kernel |

他是公司的核心人物。

| 13. 发展 | （动） | fāzhǎn | to develop |

最近几年这个地区发展很快，已经成了全国最发达的地区之一。

| 14. 规划 | （名） | guīhuà | layout; programming |

周末我要去参观有关北京城市规划的一个展览。

| 15. 调整 | （动） | tiáozhěng | to adjust |

刚退休的人需要好好儿调整一下儿心态，因为很多人不适应这种什么压力都没有的生活。

| 16. 职能 | （名） | zhínéng | function |

办公室的职能是为其他部门提供服务的。

| 17. 制定 | （动） | zhìdìng | to constitute; to establish |

他会根据市场的变化制定公司新的发展战略。

| 18. 分析 | （动） | fēnxī | to analyse |

你分析一下儿产生这种情况的原因有哪些呢？

| 19. 业务 | （名） | yèwù | professional work; business |

他业务水平很高，你去请教他一定会很有收获。

| 20. 骨干 | （名） | gǔgàn | cadreman; backbone |

他是这个组织的骨干成员，为这项事业付出了很多精力。

| 21. 贡献 | （动） | gòngxiàn | to contribute |

他是来公司的第一批员工，二十多年来为公司发展贡献出了自己所有的聪明才智。

| 22. 智慧 | （名） | zhìhuì | brightness; wisdom |

群众的智慧是无穷的。

| 23. 尽力而为 | | jìnlì ér wéi | do the best one can; make the best of |

这个工作难度很大，但我们会尽力而为。

| 24. 走马上任 | | zǒu mǎ shàngrèn | go to take office |

新的总经理已经任命了，听说他很快就走马上任了。

注 释

一、可否：义为"可不可以"。"否"可以用在很多动词或能愿动词之后，表示正反提问，其中"是否""可否"最常用。如：

是否：是不是

来否：来没来，是不是来
去否：去不去，是不是去
能否：能不能
愿否：愿意不愿意，是不是愿意

二、而：连词，同别的词配合或单用，表示目的、因果、承接等。
　　1. 他为了出国而放弃这么好的工作，很多人对他很不理解。
　　2. 这个商场根据不同的顾客群而制订不同的销售计划。
　　3. 我们应随着市场发展的脚步而调整经济工作的方针。

三、从……入手：表示从某处着手来做某事。从，介词，义为"起于"，"从……"表示"拿……做起点"，又引申为表示动作行为的凭借、根据。
　　1. 这件事从这里入手，解决起来就顺利多了。
　　2. 头绪真多，我都不知道该从哪儿入手了。
　　3. 情况太复杂了，我真是无从入手啊！
　　4. 搞民意调查应该从基层老百姓入手。

练习

一 填空

趟　　估计　　分析　　发挥　　之后　　多多

1. 他一个月以前就开始写这篇文章了，_____现在应该写完了。

2. 你_____一下儿问题到底出在哪里了。

3. 学完生词_____马上就学课文，你觉得这样的方法好吗？

4. 当设计人员要勇于而且善于_____自己的想像力。

5. 上个月，我去了两_____广州。第一_____是看朋友，第二_____是出差。

6. 你是老生了，应该＿＿＿＿＿＿＿＿帮助新生。

二 完成句子

1. ＿＿＿＿＿＿＿＿＿＿＿＿＿＿＿＿＿＿，明天我们再继续做吧。（看起来）
2. 刚才给他家打电话，他家里人说他已经出来了，＿＿＿＿＿＿＿＿＿＿＿＿。（估计）
3. ＿＿＿＿＿＿＿＿＿＿＿＿＿＿＿，你觉得我的想法怎么样？（准备）
4. 不＿＿＿＿＿＿＿＿＿＿＿，就不能找到解决问题的方法。（从……入手）
5. 这是一个很有挑战性的工作，＿＿＿＿＿＿＿＿＿＿＿＿＿＿＿。（尝试）
6. 你＿＿＿＿＿＿＿＿＿＿＿他对这件事的态度？（可否）
7. ＿＿＿＿＿＿＿＿＿＿＿＿＿＿，人们的观念也越来越新了。（随着）

三 口语练习

（一）简答
1. 假如你要去一个新的公司工作，最初的一个星期，你会做什么？
2. 在什么情况下，一名员工会得到提拔？

（二）表达
对于公司的规划发展，你有了一些自己的想法，请你向上级陈述自己的看法。

（三）对话
假设你是公司总经理，要提拔一个年轻人，你找他谈话。

四 阅读练习

公司最近公开招聘中高级经理人，小赵看到网站上发布的招聘广告后，决定积极应聘。她现在是一个部门的副经理，她想应聘企划部经理。回家后，她和丈夫谈起她的计划。她说，她已经在目前的职位上做了三年了，短期内看不到什么提升的机会，虽然有猎头公司来找她，但是她又舍不得离开这家公司，正好公司现在面向社会公开招聘，本公司的职员也可以报名应聘，合格的话会优先录用，她想试一试。因为她在公司干了这么多年，做过销售，搞过设计，积累了很多经验，对公司的业务规模和发展方向都了如指掌，这些都是她的有利条件。她也想多方面发展自己，在事业上更上一个新台阶，这次招聘正好给了她一个提升自己的机会。丈夫听了之后，非常支持她的决定，还建议周末陪她一起去书店，看看有什么相关的书籍可以买来参考。他让小赵好好儿准备，争取应聘成功。

生 词

1. 招聘	zhāopìn	动	to recruit
2. 积极	jījí	形	proactive; positive; energetic
3. 应聘	yìngpìn	动	to accept an offer of employment
4. 猎头	liètóu	名	head-hunter
5. 积累	jīlěi	动	to accumulate
6. 规模	guīmó	名	scale; extent
7. 了如指掌	liǎo rú zhǐzhǎng		knowing something so well like knowing one's own hands

（一）选择正确答案

1. 小赵现在是哪个部门的职员？（   ）

　　A. 销售部　　　B. 设计部　　　C. 不知道

2. 小赵在这家公司干了多少年了？（   ）

　　A. 三年以下　　B. 三年　　　　C. 三年以上

3. 公司打算招聘什么类型的工作人员？（　　）

  A. 管理人员　　　B. 普通业务员　　　C. 以上两类都需要

（二）判断对错

☐ 1. 小赵对应聘新职位有些担心，所以回家和丈夫商量。
☐ 2. 小赵的丈夫不支持妻子的决定。
☐ 3. 小赵对公司比较满意，她不想离开这里去别的公司。
☐ 4. 有别的公司来找小赵，希望她加入他们的工作。
☐ 5. 这个周末小赵可能要去书店买书。

（三）回答问题

1. 小赵为什么要参加应聘？
2. 小赵觉得自己有什么有利条件？

附 录

商业计划书样本

服务类创业计划书 "舒展健身中心" 创业计划（样本）

  这里提供了一份 "舒展健身中心" 的创业计划。这份计划是基于美国芝加哥一家投资银行总裁克拉维茨（Kravitz）的著作《创立一所成功的企业的计划》（*Creating a Winning Business Plan*）而写成的。

目　录

1. 计划概论
2. 经营管理体制
　　（1）经理人员介绍
　　（2）报酬
　　（3）企业所有权分配
　　（4）经理人员的责任
　　（5）董事会成员
3. 市场分析
　　（1）市场的分布情况
　　（2）可行性分析
4. 竞争分析
5. 企业操作
　　（1）选择地点
　　（2）器材的配置
　　（3）产品和服务介绍
6. 销售策略
　　（1）短期策略
　　（2）长期策略
　　（3）竞争性推销策略
7. 职工
8. 保险和法律事务
9. 业务的季节性和应变计划
　　（1）应变计划和措施
10. 财务状况
　　（1）会员预测

（2）会员费制定

　　（3）财务收支和资债平衡预测的条件

　　（4）月收入表和财务变化的条件

　　（5）各类财务预测的表图

11. 附录

　　（1）企业组织结构图

　　（2）健身俱乐部成员的情况调查

　　（3）市场渗透情况分析

（摘编自"西部创业网"）

讨论：

1. 你认为这份计划书的内容全面吗？
2. 关于经营管理体制，这份计划书是从哪几个方面进行论述的？
3. 关于销售策略，他们从哪几个方面进行了分析？
4. 附录里，为什么有对俱乐部成员的情况调查？附上它有多大的必要？

第 6 课 讨论业务进展

> 远大公司会议室。销售副总江原亲自召开会议,向销售部的业务员们了解市场开发情况。

江　原:公司从今年七月份,开始大力发展在外地的业务,现在已经快半年了。我们想了解一下儿具体的情况,所以请各位来谈谈。

刘　波:我先说说东北地区的业务情况吧。东北是我们公司除北京以外的第一大市场,我们最先进入的外地市场就是东三省。黑龙江虽然是东三省中最远的,人口也不如辽宁多,但是对产品的需求量倒是最高的;相反,辽宁离北京最近,人口也是东三省中最多的，但是销售量却最低。

白小平：我负责的是山西、内蒙古、陕西这三个地方的业务。山西、陕西的情况差不多，内蒙古的业务不太好，可能和当地老百姓的生活习惯有关，另外也可能和当地的经济发展水平有关。

张云红：我完全同意白小平的话，我的业务范围是河北、天津、山东、河南。大家都知道，这几年来，山东的经济发展很快，所以直接刺激了消费。在这四个省市中，山东的业务情况是最突出的，甚至比河北多出了一倍还多，这是我一开始做时没想到的。目前在山东省，大部分市、县我们都找到了当地代理商，他们的态度都很积极，很快就与我们达成了合作意向。

刘　波：这是我们这半年来的业务开展情况，现在看来大体趋势还不错。我们应该在销量较低的地区多做些广告宣传，扩大我们产品的知名度；另外，我们也应注意产品的层次性，以适应不同地区的消费水平。

江　原：你说得很有道理，过两天我们找研发部的负责人好好儿谈谈这个问题。

白小平：我有个建议，不知是否恰当。

江　原：你大胆说吧，你们是做具体工作的，你们的建议对我们来说最重要。

白小平：我觉得我们应在产品需求量大的地区设立分工厂，就地生产就地销售，根据我们的产品性质，从投入到产出，生产周期比较短，对工人进行技术培训的难度也不是很大。我们要扩大公司的规模，这是一个迟早要考虑的问题。

江　原：你的建议很好很重要，不过这是个大事，我们需要专门人员对此进行调查，然后再决定下一步行动。这个意见我们会认真考虑的。

张云红：江总，现在我们的业务只在北方地区，据我所知，目前上海也有一家类似企业，但是他们起步比我们晚，只在沿海各省有一定影响，我想至少在西南地区我们还有很大的业务空间。

刘　波：我们已经打算要进入西南市场了，但是派谁做这个业务还没找到合适人选。

白小平：我想我可以做。我是四川人，在那里有一些同学、朋友；再说，我现在负责的地区业务量也不是很大，我觉得我有精力也有条件来做。

江　原：好吧！小白，那么西南地区就由你负责了。今天我们这个会开得很有收获，我们了解到了很多有用的信息。相信有你们这些优秀的员工，我们公司的未来会更好。

生　词

1. 需求	（名）	xūqiú	need

谁有什么需求一定要提出来，千万不要憋在心里。

2. 范围	（名）	fànwéi	bound; range; extension

这次的考试范围是从第一课到第十课。

3. 刺激	（动）	cìjī	to stimulate

病人很虚弱，一定不要再给他精神上的刺激了。

4. 代理	（动）	dàilǐ	to act as agent

这种品牌的酒在山东主要是王明代理的。

5. 积极	（形）	jījí	positive; active

他的生活态度很积极，从不在困难面前退缩。

6. 达成	（动）	dáchéng	to manage; to reach

双方在庭外达成了和解。/ 市政府规定，拆迁房不达成合理的补偿协议，不得强行拆迁。

7. 合作	（动）	hézuò	to cooperate; to work together

两家公司合作了十几年，彼此都很信任。

8. 意向	（名）	yìxiàng	intention; will

为了取得竞争优势，公司有意向寻找当地最大的代理商合作。

9. 大体	（副）	dàtǐ	generally

情况我们已经大体了解了，请你们放心，我们会认真处理的。

| 10. 扩大 | （动） | kuòdà | to enlarge; to extend |

这次举办的活动扩大了我们公司在这里的影响。

| 11. 知名 | （形） | zhīmíng | wellknown |

作为国际知名的学者，他每年都要参加多次国际学术会议。

| 12. 层次 | （名） | céngcì | gradation |

他的文章层次分明，语言流畅。

| 13. 适应 | （动） | shìyìng | to adapt |

到了一个新的环境，你能很快适应吗？

| 14. 建议 | （名） | jiànyì | proposal, suggestion |

他的建议不错，我们应该采纳。

| 15. 恰当 | （形） | qiàdàng | proper |

你用的这个比喻不太恰当。

| 16. 大胆 | （形） | dàdǎn | bold |

我有个大胆的设想，你们有兴趣听吗？

| 17. 设立 | （动） | shèlì | to set up |

学校门口最近设立了一个公交站，方便了师生们的出行。

| 18. 投入 | （动） | tóurù | to throw into; to put into; to devote |

他为这项工作投入了全部的精力，终于提前完成了任务。

| 19. 周期 | （名） | zhōuqī | period; cycle |

这种病会周期性发作，病人要有思想准备。

| 20. 培训 | （动） | péixùn | to train |

我们公司每年都会对员工进行业务培训。

| 21. 难度 | （名） | nándù | difficulty |

试题的难度加大了，能过关的人肯定会减少。

| 22. 迟早 | （副） | chízǎo | sooner or later |

孩子迟早会离开父母去独立生活。

| 23. 类似 | （形） | lèisì | similar to |

你们国家有类似的社会问题吗？

| 24. 空间 | （名） | kōngjiān | space |

每个人到了一定的年龄都会要求有独立的生活空间。

| 25. 人选 | （名） | rénxuǎn | person selected |

公司要设立一个新部门，已经找到了合适的经理人选。

| 26. 精力 | （名） | jīnglì | energy; vigor |

他精力充沛，完全可以胜任这种高强度的工作。

| 27. 信息 | （名） | xìnxī | information |

要想在竞争中胜出，掌握充分的信息十分重要。

专有名词

1. 东三省	Dōng-sān Shěng	Three provinces in the Northeast China (Heilongjang, Jilin and Liaoning)
2. 黑龙江	Hēilóngjiāng	Heilongjiang province
3. 辽宁	Liáoníng	Liaoning province
4. 山西	Shānxī	Shanxi province
5. 内蒙古	Nèiměnggǔ	Inner Mongolia
6. 陕西	Shǎnxī	Shaanxi province
7. 河北	Héběi	Hebei province
8. 山东	Shāndōng	Shandong province
9. 河南	Hénán	Henan province

注 释

一、除……以外：表示排除，常同"还""也""只""都"等副词配合使用，"除"也可说成"除了""除去"等；"以外"也可说成"外""之外""而外"，有时也可以省略。

（一）表示所说的不计在内。
    1. 除了我，他们都会说英语。
    2. 除了星期三以外，其余四天我都有课。
    3. 除了小王，谁也没去过张老师家。
（二）表示"在……之外，还有别的"。
    1. 他除了教汉语之外，还教写作。
    2. 今天我除了给父母打电话以外，也给姐姐打了个电话。
    3. 除基本工资外，我们每个月还有奖金。
    4. 除了他，就只有我知道这件事了。

二、就：介词，表示"挨近""靠近"的意思。如：
1. 在张总的带领下，我们公司终于实现了在海外就地生产、就地销售的新局面。
2. 现在全国大部分地区采取小学生就近入学的新政策。

三、迟早：副词，"终究""到头来""或早或晚"的意思，表示随着前面所说的情况或条件，必然产生后面的结果。
1. 骄傲的人迟早要失败。
2. 只要大家想办法，问题迟早会得到解决。
3. 现在虽然瞒住了众人，但是迟早会有真相大白的一天。

四、根据：介词。表示以某种事物或动作为前提或基础。可以用在名词前或者动词前。
1. 根据你的说法，这件事是他做的了？
2. 根据调查，大多数年轻人都不喜欢到这个地区来发展。
3. 根据统计，他们地区今年苹果的产量比去年同期增长了10%。

此外，"根据"还有名词的用法，表示作为某个论断的前提或是言行基础的事物。如：
4. 你这样说有根据吗？
5. 你这么做的根据是什么？

"根据"还有动词的用法，表示"以……为根据"。

6. 公司的支出应该根据节约有效的原则进行。
7. 你作出这个结论主要根据什么？

练 习

一 填空

积极　倒　刺激　扩大　需求　信息　适应

1. 他人不大，主意_____不小。

2. 今年的市场_____很大，我们的销售一定会取得好成绩。

3. 他对这件事的态度很_____，估计这件事能办成。

4. 他最近情绪不太好，你别拿难听的话_____他。

5. 我刚来这里两个月，对这儿的气候还不太_____。

6. 要_____产量，不能光靠增加工人们的劳动量，更主要的还要靠提高技术水平。

7. 这些_____对我们来说真是太有用了，谢谢你啊！

二 完成句子

1. _____，他哪个省会城市都去过。（除……以外）

2. 我还没发表意见呢，_____。（倒）

3. 在这次贸易洽谈会上，_____。（达成）

4. _____，我们可以采纳。（建议）

5. _____，你不如现在就多给他一些自由。（迟早）

6. 这件事你找别人做吧，_____。（精力）

三 口语练习

1. 公司举行季度汇报会，各部门经理分别介绍自己部门的情况，作为销售部经理，请你介绍一下销售部的情况。

2. 你们公司业务遍及全球各地，请你介绍各地的情况及其侧重点。
3. 公司打算开拓新市场，你是部门经理，如何安排这件事？
4. 假如你们公司要在某地设立分支机构，你认为有哪些问题应当考虑？

四 阅读练习

　　在远大公司关于销售情况的汇报会上，主管销售工作的副总经理江原提出，最近两年，公司电视销售额连续下降，市场份额明显降低，很多销售及维修点冷冷清清，几乎没有什么业务，她请大家分析一下儿到底是什么原因造成了这种状况。

　　销售部的业务员们各抒己见。有的说是因为他们的技术更新太慢，并且机器外形老旧，显得笨重、土气，颜色不够明亮、不够现代，不能吸引具有实力的年轻消费者。有的说公司对广告投入太少，宣传不力，不符合现代商业社会的实际情况。还有人说他们产品种类太少，十几年来只生产电视，品种单一，不像别的品牌，最早虽然也是从生产电视机起家，但后来品种扩展到冰箱、空调、电脑，甚至开发了手机。他们紧跟市场的步伐，规模越做越大，有的发展成了知名品牌，已经打入国际市场。

　　江原很感谢大家的发言，她说，在如今竞争如此激烈的情况下，为了不被市场无情地淘汰，公司必须尽快解决上述存在的问题，并请大家同心同力，一起为公司的将来而努力。

生　词

1. 冷清	lěngqīng	形	lonely; desolate; deserted; cold and cheerless
2. 各抒己见	gè shū jǐ jiàn		each expresses his own views
3. 笨重	bènzhòng	形	heavy
4. 土气	tǔqi	形	rustic
5. 种类	zhǒnglèi	名	type; kind; sort
6. 品种	pǐnzhǒng	名	type; kind; sort
7. 步伐	bùfá	名	step

| 8. 淘汰 | táotài | 动 | to die out; to eliminate (in a competition) |
| 9. 上述 | shàngshù | 形 | all that mentioned above |

(一) 填空

> 下降 激烈 步伐 符合 连续 淘汰 终于 知名

1. 这支球队水平本来不错，但是运气不佳，他们的小组都是强队，小组赛都没有出线就被_____了。

2. 他很努力，人又聪明，每过两三年就有新书出版，不到四十岁，就成了_____学者。

3. 学生们_____整齐，像士兵一样。

4. 你说的情况并不_____这里的实际，你应该先调查清楚再下结论。

5. 考试_____结束了，我可以好好儿放松一下儿了，这个周末我要去旅行。

6. 现在市场竞争很_____，我们必须提高竞争意识。

7. 最近_____发生的这些案件，引起了警方的高度重视。

8. 我们的产量增加了，但市场占有率却_____了，这是为什么？

(二) 完成句子

1. _____，才能在市场上站住脚。（吸引）

2. _____，看电影从来不哭，无论那部电影多么感人。（无情）

3. _____，一种方法不可能解决所有问题。（分析）

4. _____，现在他的企业已进入世界500强。（从……起家）

5. 只有不断地努力，_____。（淘汰）

附录

公司报表

表一　损益表

制表单位：中国能达进出口公司　　　　　　　　　2017 年 2 月
　　　　　　　　　　　　　　　　　　　　　　金额单位：万元

项　目	行　次	本月数	本年累计数
一、商品销售收入	1	2500	5700
减：销售折扣与折让	2	500	700
商品销售收入净额	3	2000	5000
减：商品销售成本	4	1400	3500
经营费用	5	100	180
商品销售税金及附加	6	80	160
二、商品销售利润	7	420	1160
加：其他业务利润	8		
减：管理费用	9	250	600
财务费用	10	20	50
汇兑损失	11	10	35
三、营业利润	12	140	475
加：营业外收支净额	13	10	15
四、营业利润	14	150	490
减：所得税	15	120	380
五、净利润	16	30	90

负责人：米文华　　　　复核：程晨光　　　　制表：郝佳

表二　主要财务指标完成情况表

制表单位：中国能达进出口公司　　　　　　　　　　　2017 年 2 月
　　　　　　　　　　　　　　　　　　　　　　　　　金额单位：万元

项　目	行　次	本月数	本年累计数	本年计划数	完成计划比例
商品销售收入净额	1	2000	5000	25000	20%
商品销售成本	2	1400	3500	16000	22%
经营费用	3	100	180	1000	18%
商品销售税金及附加	4	80	160	1200	13%
管理费用	5	250	600	3000	20%
财务费用	6	20	50	200	25%
汇兑损益	7	10	35	100	35%
营业外收支净额	8	10	15	50	30%
利润总额	9	150	490	3550	14%
所得税	10	120	380	1400	27%
净利润	11	30	90	2150	4%
自营出口额（万美元）	12	70	130	800	16%
自营出口成本	13	540	1014	6480	16%
出口每美元成本（人民币/美元）	14	7.71	7.80	8.1	

负责人：米文华　　　复核：程晨光　　　制表：郝佳

讨论：

1. 该公司有多少种主要财务指标？
2. 该公司哪些财务指标按时间进度完成了计划？哪些没完成？
3. 到二月底，该公司实现了多少利润？完成全年利润计划的百分比是多少？
4. 你认为该公司应该对哪些财务指标加强管理以增加公司的利润？

第 7 课 广告宣传

远大公司销售部办公室。这时,电话铃响了。

刘 波:喂,您好!这里是远大公司销售部。
周 媛:您好!我是大友广告公司的周媛,请找一下儿刘经理。
刘 波:您好啊,周经理。我就是刘波。
周 媛:刘经理,上周您要我们做的那个产品的广告,现在我们的设计人员已经做出了两个方案,想请您看一下儿,另外还有些细节问题要和您讨论讨论。您什么时候方便来我们公司呢?

刘 波：我非常希望我们的广告能尽快推出。我今天下午就过来，两点左右，可以吗？

周 媛：可以，我们这里随时都可以。

（下午，大友广告公司会客室。）

周 媛：刘经理，我先介绍一下儿，这是小吕，这是小方，这次你们的广告就是由他俩分别去构思的。

刘 波：谢谢你们，辛苦了。

吕、方：哪里，这是我们应该做的。

（秘书进来给每位客人端来一杯咖啡。）

周 媛：小吕，先谈谈你的设计方案吧。

小 吕：好的。我的设计是这样的：这个广告一共有四个动感画面，一一推出，共同构成一个完整的情节；只有一句广告词，在最后出现；从头到尾都以欢快的音乐做背景，连续播放两次，正好三十秒。我制作了几张幻灯片，我们先简单地来看一下儿效果。

（小吕放映了几张幻灯片。）

周 媛：小方，你的呢？

小 方：我的和小吕的风格不一样。我全用黑白照片展现，每一张照片在旁边或下边用一个四字成语描述，将这一组照片一张张推出，用缓慢的民族音乐做背景。播一遍，时间也是三十秒。

刘 波：这两种设计我都很喜欢。我觉得用小吕的那个更适合一些。小方的那个方案在创意上很有个性，风格突出，给人的感受很强很深。我们另有一种产品马上也要面世了，我觉得可以采用这种方式打广告，只要把照片和成语换一下儿就可以了。

周 媛：刘经理，广告模特怎么确定呢？我们公司有一些固定的模特，您看是不是见见面？我让他们今天都来了。

刘 波：好，请他们一个个进来见见吧。

（模特分别进屋，聊了几句，表演了一下儿。）

周　媛：怎么样？有满意的吗？

刘　波：你们的模特都不错，各有特点。可是我觉得不太符合我们的这个广告。周经理，我发现有的公司请一些名人做形象代言人，效果不错，我们也可以试试吧？

周　媛：好啊！不过那样就需要专门花一笔钱。我建议不要请正在走红的明星，可以请刚刚出名的新人，我们将他包装成未来的明星。

刘　波：你的想法很有道理。这方面你们比较懂行，我就委托你们去寻找吧。

周　媛：谢谢您的信任，我们一定努力办好这件事。一有消息，我马上和您联系。

刘　波：好，拜托了。再见。

生词

| 1. 设计 | （动） | shèjì | to design |

这件衣服设计得很有特色。

| 2. 细节 | （名） | xìjié | detail |

我们不能只关心产品的主要问题，细节问题也要引起重视。

| 3. 推出 | （动） | tuīchū | to present; to put out |

这家酒楼每隔一段时间总能推出一些新菜品，所以他们的生意很好。

| 4. 随时 | （副） | suíshí | at any moment |

有问题你就随时来找我，我会尽力帮助你。

| 5. 构思 | （动） | gòusī | to conceive; to design |

他是个编剧，最近正在构思一部战争题材的电影。

| 6. 动感 | （名） | dònggǎn | innervation |

这些年的运动服饰常给人动感十足的印象。

| 7. 情节 | （名） | qíngjié | plot |

这部电影没什么情节，但拍得很艺术。

| 8. 欢快 | （形） | huānkuài | joyous; merry |

孩子们随着欢快的歌曲蹦蹦跳跳，十分开心。

| 9. 背景 | （名） | bèijǐng | background |

这部话剧的背景音乐非常好听。

| 10. 播放 | （动） | bōfàng | to play |

最近电视里正在播放第二次世界大战时期的记录片。

| 11. 风格 | （名） | fēnggé | style; manner |

她曾经在日本生活多年，现在家里也布置成了日式风格。

| 12. 描述 | （动） | miáoshù | to describe; to depict |

请给我们描述一下儿这组连环漫画的意思。

| 13. 缓慢 | （形） | huǎnmàn | slow; tardy |

他行动虽然缓慢，头脑却十分清晰。

| 14. 创意 | （名） | chuàngyì | originality |

有创意的设计一定能吸引人们的眼球。

| 15. 个性 | （名） | gèxìng | individuality |

他这种独特的个性使他不管到了哪里，总能受到人们的关注。

| 16. 突出 | （形） | tūchū | prominent; outstanding |

他为公司做出了突出的贡献，年终的时候受到了奖励。

| 17. 面世 | （动） | miànshì | to be produced; to come out |

每种新产品面世的时候，总要经受市场的考验。

| 18. 模特 | （名） | mótè | model |

她是时装模特，为了保持好身材，她十分注意饮食。

| 19. 确定 | （动） | quèdìng | to confirm; to ensure |

你确定你没有记错约会的时间和地点吗？

| 20. 走红 | （动） | zǒu hóng | to be in favour |

最近他很走红，因为他出演了好几部有影响的电视剧。

| 21. 包装 | （动） | bāozhuāng | to pack |

现在的产品往往有过度包装的现象。

| 22. 懂行 | （形） | dǒngháng | to know the business |

他虽然没有经过专业的训练，但他在设计方面很懂行。

| 23. 委托 | （动） | wěituō | to consign; to entrust |

你委托他办这件事，算是找对了人了，你就放一百个心吧！

| 24. 寻找 | （动） | xúnzhǎo | to look for; to search |

回到母校，他到处走走看看，想寻找学生时代的影子。

| 25. 拜托 | （动） | bàituō | to request sb. to do sth. |

拜托您帮我看一下儿行李，我去买一张地图。

专有名词

1. 大友　　Dàyǒu　　name of a company
2. 周媛　　Zhōu Yuán　　name of a person

注　释

一、以……作……：以，介词，表示"用""拿""把"；作，动词，表示"作为""当作"。"以"可换为"用"，"作"可换为"为""作为"。

1. 以黑作主色，可以体现严肃的气氛。
2. 以史为鉴，可以知得失。
3. 要以提高人民的生活水平作为我们的主要任务。
4. 用他的事情作例子来说服大家？不合适！肯定不会有好效果。

二、将：介词，"把"的意思，多用于书面语。

1. 他将钱和药方交给了我，让我去买药。
2. 看书时，他总是将自己喜欢的句子抄下来。
3. 快将他带进来，我有话要问。

练 习

一 填空

> 推出　包装　寻找　方案　构思　确定　委托　拜托

1. 这个问题现在有解决_____吗?
2. 下个月我们就要_____一种新机型了。
3. 这个_____很不错，很有新意。
4. 你_____这件事是他干的吗？别冤枉好人哪！
5. 这种产品_____很能吸引顾客的注意力。
6. 中介公司是受顾客的_____来提供各种中介服务的。
7. 他通过大使馆_____他失散了二十年的兄弟。
8. _____，请你把这封信带给老刘。

二 完成句子

1. _____，我们还是好好儿工作，别光顾着说笑聊天了。（随时）
2. 今晚的聚会我请了几个朋友，_____。（另外）
3. 今天的会议，_____。（从头到尾）
4. _____，这件事就交给他去办吧。（懂行）
5. _____，我们就又可以开车去各处旅行了。（将）

三 口语练习

1. 你委托某广告公司为你们的新产品设计广告。
2. 你同广告设计师讨论某则广告的优缺点及提出改进意见。
3. 假如你是广告设计师，请你向客户说明你的设计思路与将来这则广告可能达到的效果。

4. 如何选择广告模特？他（她）应有什么样的风格、气质来体现产品的特性？

四 写作

请选择一种产品，并为它设计一种广告方案，写出关键的广告语。

五 阅读练习

近期，由于受金融危机的影响，市场普遍低迷，针对连续两个季度销售不景气的状况，销售部经理刘波找张云红商量对策，以扭转局面，提高销售业绩。张云红认为，马上就要进入第四季度了，往年这个时候都是人们购买欲和购买力最强的时候，她建议今年不要搞让利销售，那样会得不偿失，最好趁现在气候适宜，在一些有条件的大商场做一些户外宣传，现场推销。她建议请几位乐手、歌手表演，配合他们的宣传活动。同时，也把最近当红明星为他们的产品做代言人的广告制作成巨幅宣传画，在现场摆放，以吸引人们的眼球。如果连续三到四周举行这样的活动，就能与顾客零距离接触，现场感好，肯定会收到一定的效果。刘波听后，非常赞同。他马上就召集销售部的全体人员开会，商讨并确定具体的实施方案。

生 词

1. 低迷	dīmí	形	low; depressed
2. 对策	duìcè	名	countermeasure for dealing with a situation
3. 扭转	niǔzhuǎn	动	reverse; to turn around (an undisirable situation)
4. 局面	júmiàn	名	aspect; situation
5. 让利	ràng lì	动	transfer of profits; interest concessions
6. 得不偿失	dé bù cháng shī		the loss outweighs the gain
7. 趁	chèn	动	take advantage of ...

8. 适宜	shìyí	形	suitable; appropriate
9. 零距离	língjùlí	名	zero distance; face to face
10. 接触	jiēchù	动	to contact
11. 赞同	zàntóng	动	to approve; to agree
12. 实施	shíshī	动	to put into practice

（一）填空

扭转　　景气　　季度　　配合　　赞同　　对策

1. 教练对球员们说："我们的对手非常强大，这次比赛怎样才能战胜他们，我还没想好合适的＿＿＿＿＿＿，大家有什么建议吗？"

2. 公司目前的经营状况不太理想，总经理鼓励大家一起努力，＿＿＿＿＿＿目前的这种局面。

3. 工作中同事们要互相＿＿＿＿＿＿，才能顺利完成任务。

4. 一年当中，咱们市场部哪个＿＿＿＿＿＿的业绩是最好的呢？

5. 小张提出的方法得到了大多数人的＿＿＿＿＿＿。

6. 今年全省整个汽车行业都不＿＿＿＿＿＿，我想这跟供求关系有关。

（二）简要回答

1. 刘波找张云红商量什么事情？
2. 张云红的建议有哪些？
3. 刘波认为张云红的建议怎么样？

广告宣传 | 第 7 课

（三）根据阅读文章填空

由于金融危机的_____，连续两个季度销售都很_____，销售部经理刘波找张云红商量_____，希望扭转局面，_____销售业绩。张云红认为，马上就要进入第四季度了，_____这个时候都是人们购买欲和购买力最_____的时候，她_____趁现在气候适宜，在一些有条件的大商场做一些户外宣传，现场推销，而不要像以往那样，搞让利销售。她说可以请一些乐手、歌手来进行表演，_____他们的宣传活动，另外，还要在现场摆放当红明星为他们的产品做代言的巨幅宣传画，_____人们的注意。如果连续搞几周这样的活动，就能与顾客零距离接触，现场感好，应该会_____一定的效果。刘波听后，十分_____，他马上就召集销售部的全体人员开会，打算_____这些方案。

附 录

广告文案

联朋网络影视广告构想

分镜头（大约 30 秒）

画 面	画外音
1.（大全景）蜿蜒曲折的古长城，烽火台上升起了狼烟	**地有多快**（字幕）
2.（镜头切换）一古代男子放飞了一只传送信息的信鸽	
3. 信鸽展翅飞向了广阔的天空	**天有多快**（字幕）
4.（镜头切换）飞翔的信鸽飞落在一现代白领青年的脚下（地面上还放有一台打开的笔记本电脑）	**时间有多快**（字幕）

(续表)

画　面	画外音
5.（近景特写）男子面对着壮丽的山河，亮起了嗓子，吆喝起来	（吆喝声）
6. 嘹亮的歌声在空旷的山中回响，惊起了远处树林中的群鸟	（鸟惊树林声，吆喝回响声）
7. 此时，在东方天际露出了一道金色曙光，光柱向前涌动，照亮了天地	
8. 光柱继续向前涌动，照亮了高山和村庄	**在人类探索速度的历程里** （字幕）
9. 光柱继续向前涌动，掠过跨海大桥，照亮了异国风情的繁华都市	**光线的传播永远最快** （字幕）
10. 第一道曙光透过明亮的窗户，照进了某现代居室内，一西方男子正悠闲地坐在自家靠椅上，在一台电脑前上着网	
11. 电脑里响着那位中国男子的吆喝声字幕：**以光纤铺设宽带网，用光速联系你我心**	（远远地传来男子吆喝的歌声）
12. 画面淡白，出现LOGO及字幕：**联朋网络，没有速度，只有沟通**	**联朋网络，没有速度，只有沟通**

创意说明

　　从古到今，人类一直在追求更远更快传递信息的方法，最早利用地面来传达信息的莫过于烽火台，利用天空来传达信息的莫过于信鸽。随着时间的延续，我们不禁产生疑问，究竟这些方法有多快呢？什么才是最快的？然后告诉人们，光纤的传输最快。联朋网络用光纤铺就宽带网，用光速沟通你我心，让你感觉不到速度的障碍和存在，而只是想着如何用心与人沟通。最后提出广告语"联朋网络，没有速度，只有沟通"。

（摘编自 www.1h365.com）

讨论：

1. 想像一下儿播放这个广告的情景，你认为它怎么样？
2. 在这个广告里，你看到了什么景物（人物、动物、景观）？
3. 这则广告方案里面会出现哪些音响效果？
4. 画外音有哪几句话？
5. 这个网络广告的创意根据是什么？

第 8 课 抱怨与解释

客户郑先生怒气冲冲地来到销售部办公室,张云红热情地接待了他,并妥善解决了问题。

郑先生:请问,你们谁是经理?
张云红:我是经理的助手,请问您有什么事?
郑先生:你们经理在哪儿?把他叫来!
张云红:经理出去会见一位客户了,一个小时以后才能回来。
郑先生:那你马上给他打电话,我现在就要跟他谈。

抱怨与解释 | 第 8 课

张云红：先生，您先请坐，有什么事，可以跟我说说吗？等会儿我转告经理，也一样能解决问题。

郑先生：你们公司给我们送的那批货是什么东西呀？怎么跟广告宣传的一点儿都不一样？

张云红：不会吧？我们公司一向都是严格遵守对客户的承诺的，从来没有打过虚假广告。

郑先生：（指着广告）你看，我订的是这个型号的货，你们给我们送的是什么？我也带来了一件样品，你自己看看！

张云红：噢！确实不一样。先生，请您息怒，喝杯茶，稍等一会儿，我这就去问一下儿具体负责这件事的业务员。

（张云红出去调查情况，过了一会儿，又回到了办公室。）

张云红：先生，实在对不起。这件事是这样的：负责您这项业务的业务员刚来我们公司不久，很多事情还不太熟悉，缺乏经验。他把您订的这批货的型号搞错了，结果送了另一型号的产品，而那个型号的产品，性能不如这个好，价格也较低。这是一个失误，并不是我们公司故意以次充好，欺骗顾客。

郑先生：噢，原来是这么回事。不过，问题虽然搞清楚了，但是却耽误了我们的事。我们也是有客户的，让我怎么向我们的客户交代呢？

张云红：您看这样好不好？我们重新给您发货，这比合同上规定的交货时间晚了三天，因此也导致您向您的客户的供货时间也推迟了三天，由此给您造成的损失由我们公司来承担，您看这样行吗？

郑先生：那好吧！不过，我对你们公司出这样的差错感到很惋惜。

张云红：是的，我们以后一定注意避免出现类似的情况。顺便问一句，您还要找我们的经理吗？

郑先生：（笑）不必了。你们经理有你这样一位得力的助手，真让人羡慕啊！

张云红：先生，您过奖了。

郑先生：好了，再见！以后有机会，我们再继续合作。

张云红：好的，非常欢迎！您慢走！

生 词

1. 批	（量）	pī	a measure word

这批学员的外语水平都不错。

2. 一向	（副）	yíxiàng	always; all along

他一向很注重仪表，今天怎么回事？穿成这样就来上班了？

3. 严格	（形）	yángé	strict

他对自己的学习要求很严格。

4. 遵守	（动）	zūnshǒu	to abide; to obey

遵守时间是最基本的要求。

5. 承诺	（动）	chéngnuò	to promise

他们承诺只要购买他们的产品，保证一年内免费更换，三年内免费维修。

6. 虚假	（形）	xūjiǎ	false

网上有很多虚假信息，你要注意分辨。

7. 型号	（名）	xínghào	model; type

这种型号的产品已经脱销两周了。

8. 样品	（名）	yàngpǐn	sample

我们的样品一般不出售，不过你可以订货，等待我们的送货通知。

9. 息怒	（动）	xīnù	to calm down

请息怒，他是新员工，处理这类问题没经验。

10. 缺乏	（动）	quēfá	to be short of; to be lack of

中国西部矿产资源丰富，但水资源极其缺乏。

11. 故意	（副）	gùyì	intentionally; on purpose

他故意不说出这个故事的结尾，让大家都很着急。

12. 以次充好		yǐ cì chōng hǎo	to take the bad one as the good one

商家如果以次充好，用这种手段欺骗客户，相信用不了多久就会断了自己的财源。

13. 欺骗	（动）	qīpiàn	to cheat
我可以容忍别人犯错，但不容忍欺骗行为。			
14. 清楚	（形）	qīngchǔ	clear
说明书上写得清清楚楚，你怎么就不看呢？			
15. 耽误	（动）	dānwù	to delay
快走吧，别耽误大家的时间！			
16. 交代	（动）	jiāodài	to explain; to leave words
出差前，我向同事们交代清楚了这段时间大家应该做的交接工作。			
17. 重新	（副）	chóngxīn	again
我们要重新认识这段历史。			
18. 损失	（名）	sǔnshī	loss; damage
有些损失可以不在乎，有些损失却是无法弥补的。			
19. 承担	（动）	chéngdān	to be responsible for
你已经是个成人了，要承担起自己的责任来。			
20. 避免	（动）	bìmiǎn	to avoid
虽然出错是难免的，但我们要努力避免。			
21. 得力	（形）	délì	capable
这家公司不仅有得力的领导，还有得力的员工，所以很快就发展起来了。			
22. 助手	（名）	zhùshǒu	assistant
他虽然有好几名助手，但工作量实在太大了，无法在两周内完成这项工作。			
23. 羡慕	（动）	xiànmù	to envy; to admire
你不必总是羡慕别人，发挥好自己的长处更重要。			
24. 过奖	（动）	guòjiǎng	to overstate
您过奖了，这都是我应该做的！			

注 释

一、一向：副词，有"向来""从来""一直"的意思，表示动作行为或者情况从以前某个时候到现在一直都是这样，保持不变。

1. 小王一向喜欢音乐。
2. 我一向没有晚起晚睡的习惯。
3. 他生活一向很简单。
4. 这位售货员对顾客的态度一向很热情。
5. 他的脾气一向就是这个样子。

二、这就：表示"现在就""马上就"做某事。

1. 你别说了，我这就走。
2. 他这就来，你再等一会儿就能见到他了。

也可以表示"这样就"的意思，多用于疑问句，表示惊讶或不满。

1. 这就受不了啦？我们那时候比你现在的条件更差呢！
2. 他这就算完成任务啦？不行，叫他回来。

三、实在：副词，"真的""的确"的意思，表示对情况的确认。

1. 妈妈对这个孩子实在没办法了，只好请老师帮忙。
2. 这件事我实在不知道，叫我怎么说呢？
3. 你要是实在不愿意去的话，那就换一个人替你去吧。

它也有形容词的用法，表示"真实，诚实"的意思。如：

1. 他这个人很实在，从来不说假话。
2. 这才是句实在话，让人心服口服。

抱怨与解释 | 第8课

练 习

一 填空

客户　转告　批　宣传　缺乏　重新　继续

1. 请你_____他，后天有一个代表团来参观，让他们部门好好儿准备一下儿。
2. 新产品必须大力_____，不然别人怎么会知道呢？在这方面，一定不能怕花钱。
3. 当医生要有爱心，如果他_____爱心，怎么可能给病人认真治病呢？
4. 这个问题很麻烦，我们还要_____开会讨论。
5. 这份报告写得不太具体，老板让你_____写。
6. 我们订的那_____货还没到啊？已经晚了一个星期了。
7. _____对我们的售后服务不太满意，我们应该_____努力。
8. 西部有很多城市生活用水极其_____，政府号召大家要一水多用。
9. 那件事，你_____他了吗？
10. 这个产品广告已经过时了，我们需要_____设计。

二 完成句子

1. A：赵经理去哪儿了？

   B：_____。（会见）

2. A：你的声音跟电话里的_____。（一点儿也不……）

   B：是吗？可能你还没听习惯吧。很多人一开始_____（这么）。

3. A：请等一下儿，我_____（这就）。

   B：快点儿吧，我等这份文件已经等了三天了。

4. A：杰克，你假期打算怎么过？

   B：我要去东南亚旅行，_____（顺便）。

三 口语练习

（一）问题与解决
1. 如何回答客户的抱怨？你解决过与课文中类似的麻烦问题吗？
2. 你觉得客户有哪几种类型？对不同的客户应该使用不同的方法还是相同的方法？
3. 一般会引起客户抱怨的有哪些问题？（质量、售后服务）

（二）售后服务
1. 你有在中国买东西的经验吗？售后服务你觉得满意吗？如果有问题，是什么问题？
2. 你工作过的公司对售后服务有哪些规定？
3. 请你谈谈信誉与良好的解决矛盾的态度对一个公司的生存、成长的重要意义。

四 阅读练习

　　远景公司第一次向远大公司订货，销售部负责这项业务的人是新来的业务员，由于不太熟悉业务，把货发错了。远景公司的郑经理生气地来到远大公司，要求解释与赔偿。张云红在贵宾接待室热情地接待了他，并调查清楚了原因。但关于赔偿的问题，她无权决定。这时，刘波正好会见完一位客户，来到接待室。听了张云红介绍的基本情况后，刘波马上做出了照章赔偿的决定，并且真诚地希望能和远景公司继续合作。郑经理对远大公司的做法表示满意，表示愿意和他们继续合作。

抱怨与解释 | 第 8 课

生 词

1. 贵宾	guìbīn	名	distinguished guest
2. 照章	zhào zhāng		in accordance with regulations
3. 赔偿	péicháng	动	to compensate

（一）选择正确答案

1. 远大公司发错货物的原因是：（　　）

   A. 业务员是新手　　　B. 远大公司货不全　　　C. 远景公司写得不清楚

2. 郑经理来到远大公司的时候，他的态度是：（　　）

   A. 生气　　　　　　　B. 客气　　　　　　　　C. 满意

3. 下列哪件事不是张云红做的？（　　）

   A. 接待客户　　　　　B. 调查原因　　　　　　C. 决定赔偿

4. 两家公司最后的态度怎么样？（　　）

   A. 以后不再合作了　　B. 以后继续合作　　　　C. 远景公司不愿意继续合作

（二）判断对错

☐ 1. 远大公司销售部的业务员都是新来的。
☐ 2. 这是远景公司最后一次向远大公司订货。
☐ 3. 郑经理来远大公司要求道歉。
☐ 4. 张云红调查出了事情的原因。
☐ 5. 刘波和张云红一起接待了郑经理。
☐ 6. 郑经理最后对远大公司的做法很满意。

（三）根据阅读文章填空

远景公司的郑经理因为订的货发错了来到远大公司，张云红_____了他并调查清楚了原因。但是她也是一个业务员，没有权利做出_____的决定。销售部经理刘波接待完来访的_____后来到接待室，听完张云红的介绍后，他马上表示会按规定进行赔偿。两位经理最后都表达了以后_____合作的愿望。

附　录

合同法（节选）

（1999年3月15日第九届全国人民代表大会第二次会议通过，现予公布，自1999年10月1日起施行）

第七章　违约责任

第一百零九条　当事人一方未支付价款或者报酬的，对方可以要求其支付价款或者报酬。

第一百一十条　当事人一方不履行非金钱债务或者履行非金钱债务不符合约定的，对方可以要求履行，但有下列情形之一的除外：

（一）法律上或者事实上不能履行；

（二）债务的标的不适于强制履行或者履行费用过高；

（三）债权人在合理期限内未要求履行。

第一百一十一条　质量不符合约定的，应当按照当事人的约定承担违约责任。对违约责任没有约定或者约定不明确，依照本法第六十一条的规定仍不能确定的，受损害方根据标的的性质以及损失的大小，可以合理选择要求对方承担修理、更换、重作、退货、减少价款或者报酬等违约责任。

第一百一十二条　当事人一方不履行合同义务或者履行合同义务不符合约定的，

在履行义务或者采取补救措施后，对方还有其他损失的，应当赔偿损失。

经营者对消费者提供商品或者服务有欺诈行为的，依照《中华人民共和国消费者权益保护法》的规定承担损害赔偿责任。

第一百一十四条　当事人可以约定一方违约时应当根据违约情况向对方支付一定数额的违约金，也可以约定因违约产生的损失赔偿额的计算方法。

约定的违约金低于造成的损失的，当事人可以请求人民法院或者仲裁机构予以增加；约定的违约金过分高于造成的损失的，当事人可以请求人民法院或者仲裁机构予以适当减少。

……

第一百一十七条　因不可抗力不能履行合同的，根据不可抗力的影响，部分或者全部免除责任，但法律另有规定的除外。当事人迟延履行后发生不可抗力的，不能免除责任。

本法所称不可抗力，是指不能预见、不能避免并不能克服的客观情况。

当事人因防止损失扩大而支出的合理费用，由违约方承担。

……

第一百二十条　当事人双方都违反合同的，应当各自承担相应的责任。

讨论：
1. 这份法律文件是何时通过、何时开始实施的？
2. 它主要规定的是哪方面的内容？
3. 关于违约金，这份合同法有什么样的规定？
4. 哪些情形下，未履行债务时是法律无法追究的？

第9课 招聘员工

人力资源部经理高明与新招聘来的丁芳小姐谈话。

高 明：丁小姐，今天请你来，是告诉你我们公司本次招聘的最后结果。我们公司这回一共新招了三个人，你是其中之一。

丁 芳：太好了。我不会让你们失望的。

高 明：本来我们打算只招两个人，你的专业并不太符合我们的需要，但由于你在面试中的出色表现，所以经开会讨论决定，破格录用了你。

丁 芳：是吗？我太荣幸了，我一定会加倍珍惜这个工作机会的。

高 明：我十分相信你的能力与诚意。下面我给你简单介绍一下儿我们公司的福利待遇。我想这是任何一个上班族都会关心的问题。

丁 芳：您这么坦率，我非常感谢。

高　明：你的试用期是三个月，试用期内只有基本工资，没有奖金。试用期满后，我们再签正式雇用合同。那时，除了工资以外，还有奖金及其他一些福利。比如，公司会为你买医疗、失业和养老保险。我们公司不为职工提供住房，但是为职工缴纳住房公积金，如果你自己购买商品房时贷款了，可以用公积金偿还部分或全部贷款。还有就是年终时根据个人的业绩表现及公司的总体经营状况，每个人都会有一定的分红。明年，我们公司也打算上市，职工可以根据在本公司服务的时间长短购买一定数量的内部职工股。

丁　芳：您介绍得非常详细。有一点我比较关心，我是外地人，父母年龄也比较大了，他们希望我多回去看看他们。关于探亲休假，公司是怎样规定的呢？

高　明：除了国家法定的节假日，新职员每年可以休假十天，工作五年以上者每年十五天，工作十年以上者每年二十天。怎么使用，由你自己决定，可以一次休完，也可以分几次休。如果本年度没有休假或没有休完可休的天数，公司将会给你一定数额的奖金作为补偿，年终统一发放。你还有什么问题吗？

丁　芳：没有了，谢谢。

高　明：好，如果你没有什么异议，就可以签订试用期合同了。我们希望你能尽快上班。

丁　芳：您放心。今天星期四，下周一您一定会看到我已经坐在办公桌前了。

生 词

1. 招聘	（动）	zhāopìn	to recruit

今年我们公司新招聘了五个人。

| 2. 失望 | （形） | shīwàng | be disappointed |

听到这个消息，他一脸失望的表情。

| 3. 本来 | （副） | běnlái | originally; essentially |

我本来就不同意这样做，他却还坚持这样做，太气人了。

| 4. 出色 | （形） | chūsè | outstanding; distinguished |

他是一位出色的记者，每当有重大新闻，他都会第一时间赶到现场。

| 5. 表现 | （动） | biǎoxiàn | to behave |

孩子最近在学校表现有些反常，是不是家里出了什么问题？

| 6. 破格 | （副） | pògé | to make an exception |

他因为这项专利，被破格提升了。

| 7. 录用 | （动） | lùyòng | to employ |

由于张华的出色表现，他被这家大公司录用了。

| 8. 荣幸 | （形） | róngxìng | be honored |

很荣幸能和您一起合作。

| 9. 加倍 | （副） | jiābèi | redouble |

机会难得，我要加倍努力，让自己学到更多的东西。

| 10. 珍惜 | （动） | zhēnxī | to cherish; to value |

不懂得珍惜的人就不懂什么是幸福。

| 11. 能力 | （名） | nénglì | ability; capability |

他虽然能力很强，可是很难与人合作。

| 12. 诚意 | （名） | chéngyì | sincerity |

做生意要有诚意，才能吸引顾客。

| 13. 福利 | （名） | fúlì | welfare; benefit |

小企业也要重视员工福利，不然很难留住人。

| 14. 待遇 | （名） | dàiyù | treatment; deal |

这里待遇不错，大家对工作的各个方面都比较满意。

| 15. 上班族 | （名） | shàngbānzú | working class; office worker |

上班族一般都朝九晚五，上下班路上再用上两三个小时，确实很辛苦。

| 16. 坦率 | （形） | tǎnshuài | frank; open; outspoken |

你到底是怎么想的，请坦率地告诉我。

17. 试用期	（名）	shìyòngqī	probation time	

劳动法规定，试用期最长不得超过一年。

18. 医疗	（名）	yīliáo	medical treatment

现在的医疗条件比起从前改进了不知多少倍。

19. 保险	（名）	bǎoxiǎn	insurance; assurance

人们的保险意识越来越强了。

20. 公积金	（名）	gōngjījīn	public fund

买房子用公积金贷款有最高限额的规定。

21. 贷款	（动/名）	dài kuǎn/dàikuǎn	to loan; loan

这批贷款分十年还清。

22. 经营	（动）	jīngyíng	to operate; to manage

他同时经营着两家公司，一家是服装百货公司，一家是药品公司。

23. 分红	（动）	fēn hóng	dividend share

到了年底分红的时候，大家都很兴奋。

24. 内部职工股		nèibù zhígōnggǔ	staff member share

25. 探亲	（动）	tàn qīn	to go home to visit one's family

你们一年可以休几次探亲假？

26. 休假	（动）	xiū jià	to take leave; on holiday

每年休假的时候，他都会找一个新的地方去旅行。

27. 规定	（动）	guīdìng	to stipulate

很多国家规定不能对十八岁以下的青少年出售烟酒。

28. 法定	（形）	fǎdìng	legal

出售房屋一定要按照法定的手续办理。

29. 年度	（名）	niándù	year; annual

我们公司的经营状况本年度比上一年度情况有所好转。

| 30. 数额 | （名） | shù'é | amount |

这笔款项数额巨大，要由办公会集体决定。

| 31. 补偿 | （动） | bǔcháng | to compensate |

占用农田，要对当地农民进行合理的经济补偿。

| 32. 统一 | （动） | tǒngyī | to unify |

大家要统一看法，事情才能进展顺利。

| 33. 发放 | （动） | fāfàng | to provide; to pay |

新学期的教材、练习本已经发放完毕。

| 34. 异议 | （名） | yìyì | objection; dissent |

对于这项规定，大家有什么异议吗？

| 35. 签订 | （动） | qiāndìng | to sign（a contract etc.） |

上周我们已经和那家公司签订了新一年的合作协议。

注释

一、本：

　　1. 本＋名：说话人指自己或自己所在的单位、处所。如：

　　　　本人　　本公司　　本市　　本地

　　2. 这：以制作者或主管人身份措辞时使用。

　　　　本＋名：本书　　本办法　　本合同　　本产品

　　　　本＋量＋名：本次招聘　　本次航班　　本次列车

　　3. 本＋时间词：

　　　　本年　　本月　　本周　　本星期

二、本来：副词，"原先""先前"的意思。

　　1. 他们几个本来不是一个公司的，现在都是同事了。

　　2. 他本来就不瘦，现在更胖了。

　　3. 他本来是北京人，可是在上海住了30年，现在说话做事的方式完全是一个上海人了。

　　4. 我本来不想去海南玩儿，可是你们都说要去海南，我也只好跟你们一块儿去了。

练 习

一 填空

> 本　　经　　本来　　加倍　　关于　　一定

1. 您放心，我＿＿＿＿＿＿会＿＿＿＿＿＿努力的。
2. ＿＿＿＿＿＿调查，＿＿＿＿＿＿市80%的人每天是乘公共交通工具上班的。
3. ＿＿＿＿＿＿他对这件事怎么办没什么特别要求，结果你不停地问他，现在麻烦来了。
4. 去那么远的地方出差，这点儿钱＿＿＿＿＿＿不够。
5. ＿＿＿＿＿＿人从来不听流行音乐，不看流行小说。
6. ＿＿＿＿＿＿你将来的工作，你父母有什么建议吗？
7. 我的基础比较差，需要＿＿＿＿＿＿努力才能赶上其他同学。

二 完成句子

1. A：我本来在西单上班，＿＿＿＿＿＿＿＿＿＿＿＿＿＿＿＿。（但是）

   B：我也换过一次工作，＿＿＿＿＿＿＿＿＿＿＿＿＿＿＿＿＿＿＿。（本来，但是后来）

2. ＿＿＿＿＿＿＿＿＿＿＿＿＿＿＿＿＿，你可以给我说明一下儿吗？（比较关心）

3. ＿＿＿＿＿＿＿＿＿＿＿＿＿＿＿＿＿，公司有什么特别的规定吗？（关于）

4. ＿＿＿＿＿＿＿＿＿＿＿＿＿＿＿＿＿，那么我们就这么决定了。（异议）

5. A：经理，我父母最近要来北京。我想申请休假，可以吗？

   B：当然可以。＿＿＿＿＿＿＿＿＿＿＿＿＿＿＿＿＿，你打算休多长时间？（规定）

三 根据下表，进行会话练习

个人简历

基本资料	姓名	向美文	性别	女
	年龄	30 岁	出生日期	1987 年 9 月
	学历	硕士研究生	专业	国际会计
	英语	英语六级	法语	法语初级证书
	爱好	爬山、摄影、球类运动		
	电话	15011382166		
	邮箱	xiangmeiwen@163.com		
	地址	北京市西城区新华街 45 号		
	邮编	100037		
教育背景	2005 年 9 月～2009 年 6 月　中央财经大学　会计系　本科 2009 年 9 月～2012 年 6 月　中国人民大学　会计系　硕士			
工作经历	2012 年 1 月～2012 年 4 月　　北京诚信会计师事务所　实习 2012 年 7 月～2015 年 7 月　　中国机械设备进出口公司财务处　总账会计 2015 年 7 月至今　　　　　　中国民生银行总行营业部计划财务处　财务管理			
志愿者经历	2012 年暑期 参加乡村讲师团，到河南省安阳县小河乡三家村学校义务教学两个月，教小学算术和初中英语			
获奖或成果	2009 年获北京市优秀大学生奖 2012 年获北京青年爱心活动三等奖 2014 年获得会计师资格证 2015 年获得注册会计师资格证 2015 年以来，在《财务与会计》《中国金融》等杂志上发表论文若干篇			

1. 你和同学分别扮演面试官和向美文，就向美文的简历进行问答练习。

2. 假如你是向美文，请向面试官简单介绍自己的经历。

招聘员工 | 第9课

四 口语练习

1. 你有多少次面试的经历？请介绍一下儿你最难忘的一次（时间、地点、面试人、面试时间、问答内容等）。
2. 如果你去参加面试，你应做什么准备？如何回答对方的提问？你又有什么问题需要向对方提出？
3. 如果你去应聘，你会关注哪些方面（挑战性、兴趣、工资待遇、工作气氛、办公条件）？
4. 招聘：你的公司为了扩大业务，需要招聘几名新的员工。这项工作由你负责，你打算上电台播广告，你该如何设计这则广告？

五 阅读练习

　　远大公司今年招聘了三名新员工，人力资源部经理高明向主管副总江原介绍此次招聘情况。这三个人当中，有两名将担任部门经理，一名是办公室秘书。高明介绍说，公司发出招聘广告后，很快就收到了二十一封求职信，其中十五人应聘经理职位，六人应聘秘书工作。经过挑选，他们通知了九名求职者参加面试，最后确定了这三位。江原对招聘结果很满意，又询问了一些关于公司将给予这三位新员工什么待遇的问题。高明说，按照公司去年开始实行的新规定，除了工资、奖金、保险以外，还有住房公积金及休假等，他已经在签工作合同的时候告诉这三位新员工了，他们表示很满意。另外，公司马上就会给他们寄出录用通知书。江原想等这三位员工报到后见见他们，并请高明提前预约一下儿，安排合适的时间与他们见面。

生 词

1. 求职	qiú zhí	动	to apply for a job
2. 应聘	yìngpìn	动	to be employed by
3. 询问	xúnwèn	动	to ask; to request
4. 实行	shíxíng	动	to put into practice

（一）根据短文内容连线

应聘者　　　　　　　　1人
招聘人数　　　　　　　2人
招聘经理　　　　　　　3人
招聘秘书　　　　　　　6人
参加面试者　　　　　　9人
应聘经理职位　　　　　15人
应聘秘书工作　　　　　21人

（二）完成句子

1. 爸爸看了他的成绩单以后，_____。（询问）
2. 公司今年虽然只招10个人，_____。（应聘）
3. 听了员工们的意见以后，_____。（表示）
4. 如果你想访问一个不太熟悉的人，_____。（预约）
5. 听说你假期时要到东南亚旅行，_____？（确定）

（三）回答问题

1. 高明向江原介绍了哪些情况？
2. 这三位新员工将有什么样的待遇？
3. 江原向高明提出了什么要求？

> 附 录

招聘广告

第一则　北京永圣科技发展有限公司招聘启事

北京永圣科技发展有限公司由于业务发展需要，现诚聘电话销售员6名：

一、工作职责：

1. 具备敏锐的商业触觉，利用各种渠道搜集潜在客户信息；
2. 负责人脉库核心产品的市场开拓工作；
3. 通过电话跟客户沟通洽谈，促进达成订单。

二、待遇：

1. 薪资福利：底薪3000元/月，月收入约6000元（底薪+提成+奖金）；
2. 绩效奖金：据绩效阶梯状提成；
3. 社会福利：养老保险、失业保险、基本医疗保险、工伤保险、住房公积金；
4. 公司福利：带薪休假、商业医疗保险、午餐补助、健康咨询、员工俱乐部等。

三、要求：

1. 中专以上学历，性别不限，专业不限；
2. 良好的沟通表达能力，能吃苦，有毅力；
3. 热爱销售，勇于挑战；
4. 具有良好的工作热情和团队协作能力；
5. 年龄30岁以下。

联 系 人：张经理

联系电话：010-82651887 / 88 / 89　13466522526

面试请提前预约，公司恕不接待无预约来访！

第二则　北京远大新科贸有限公司高薪诚聘

北京远大新科贸有限公司是大型贸易公司，以从事电子产品为主，实力雄厚，业务遍及全国，目前正积极开拓海外市场。经北京市人事局人才市场管理办公室批准，高薪诚聘以下高级专业人才：

1. 产品项目经理3名：

计算机或市场营销专业、MBA优先；三年以上IT行业产品分析或产品研究经验。熟悉IT行业市场和计算机相关知识，有较强的市场分析能力以及良好的写作表达能力。

2. 地区销售经理2名：

大专以上学历，有一定外语基础，熟悉销售业务及网络营销。两年以上销售工作经验者优先考虑。

3. 海外销售经理2名：

大学本科以上学历，西班牙语或葡萄牙语优先，热爱市场营销工作，能接受三年以上驻外生活，独立处理问题能力强。

有意者请联系：王先生

电话010—62785637

或发简历至：beijingyuanda@163.com。

欢迎您加入我们！

讨论：
1. 北京永圣科技发展有限公司招聘什么职位？有什么要求？
2. 哪个公司的员工可能会派驻海外？
3. 你认为这两则招聘广告哪个职位要求最高？为什么？
4. 北京远大新科贸有限公司招聘产品项目经理有什么要求？

第10课 申请休假

快下班的时候,张云红来找刘波,想申请休假。

张云红:刘经理,可以打扰您一下儿吗?

刘 波:请进!你有什么事?

张云红:是这样,最近我的状态不太好,按公司规定,我一年可以休十天年假,我想申请休假。

刘 波:没问题。你想从什么时候开始休呢?咱们先看看目前的工作安排允许不允许?

张云红:我想从下个星期开始休,过完元旦回来销假,正好十天。

刘 波:小张,你看,时间有点儿不巧。你知道,三天以后,有一个大型国际博览会,这是宣传我们公司产品的好机会，我们早就报名参加了。本来老秦负责参展的各项工作，但是最近他的孩子生病住院了，他要经常跑医院。这个为期五天的博览会就需要另请一个人负责。我正想打电话告诉你公司想安排你去帮忙呢！你能不能把休假时间往后推迟一个星期呢？等博览会结束后开始可以吗？

张云红：推迟一星期倒没问题。可问题是，我从来没参加过这种宣传推广活动，您觉得我行吗？

刘 波：行，当然行！你没听说过"说你行，你就行，不行也行"这句话吗？

张云红：经理，您真会开玩笑！我是真的担心呢。

刘 波：不用担心。我觉得你口才很好，胆子也大，很适合参加这种活动。什么事总得有第一次嘛！去锻炼锻炼就好了。

张云红：那好吧，我就试试。对了，我需要写一个休假申请报告吗？

刘 波：你当然要写一个休假申请。另外，参加博览会，你也应该写一份汇报。不过，汇报可以等休假回来再写。

张云红：好，知道啦！

生词

1. 打扰	（动）	dǎrǎo	to disturb

太晚了，不能这个时候打电话打扰人家。

2. 状态	（名）	zhuàngtài	physical and / or mental condition

他这一年状态极佳，已经取得好几个冠军了。

3. 允许	（动）	yǔnxǔ	to allow, to permit

上课时允许喝水，但不允许吃东西。

4. 销假	（动）	xiāo jià	to report back after leave of absence

休假结束后你要及时销假。

5. 巧	（形）	qiǎo	coincidently

真巧，昨天我在地铁上遇到了多年不见的高中同学。

6. 大型	(形)	dàxíng	large scale
这是一场大型演出,吸引了两三万名观众。			
7. 博览会	(名)	bólǎnhuì	exposition
这项发明在博览会上大放异彩。			
8. 为期	(动)	wéiqī	duration
访问团对中国企业进行了为期三周的考察。			
9. 推广	(动)	tuīguǎng	to popularize; to spread
现在很多企业或公司都会利用互联网或微信对产品进行营销推广。			
10. 口才	(名)	kǒucái	eloquence, speechcraft
他口才非常好,说起话来头头是道。			
11. 胆子	(名)	dǎnzi	courage
他人不大,胆子倒不小!			
12. 锻炼	(动)	duànliàn	to practise
出国留学对年轻人来说是一个很好的锻炼。			
13. 汇报	(动)	huìbào	to report
因为周五要向大家汇报公司近期的工作情况,所以我这两天正在紧张地准备材料。			

注 释

一、早就:"早",副词,有"先前"的意思,表示情况的发生离现在有一段时间了。"早"常常同"已""就"等副词连用,强调动作行为过去的时间长。

1. 这本书我早就买了。
2. 那个人我早就认识了。
3. 他早就离开这个学校了。
4. 来信早已收到,一切都好,请您放心。
5. 开会的事早已通知大家了。

二、为期:表示一个时间段。

1. 这个培训项目分为A、B两组,A组为期七个月,B组为期十个月。
2. 本周在上海要举行一个为期五天的国际电影节。

练习

一 填空

打扰　按　允许　大型　销假　报名　结束

1. _____公司最新规定，每个人都要在两年之内参加一次培训。

2. 这是一个_____演出活动，明星们都愿意参加。

3. 休假_____后，应该去人事部门_____。

4. 今年的小学生入学_____开始了，你还不知道吗？快去给你儿子_____吧。

5. 公司不_____员工在办公室抽烟。

6. 午休的时候，你别给人家打电话，_____别人休息很不礼貌。

二 完成句子

1. A：张经理，我想_____。（申请）

   B：可以啊，你打算_____？（从……开始）

2. 我_____呢，你就来了。（正想）

3. A：小王，公司最近忙死了，你有没有朋友愿意暂时来帮忙？

   B：没问题。我朋友有不少，_____。（可问题是……）

4. A：你告诉我你单位的电话号码吧！

   B：要它有什么用？我_____，我给你手机号码吧。（早就）

5. A：对不起，_____？（打扰）

   B：别客气，有什么问题你就说吧，我们俩只是聊天儿。

三 口语练习

（一）简答
1. 你一般如何利用休假？你们公司关于休假又是怎样规定的？
2. 你们公司鼓励员工休假吗？休假时是否有报酬？
3. 休假会不会影响你的工作安排？

（二）讨论
1. 你认为一个人工作多长时间应该休假？如何安排休假最合理？休多长时间最合适？
2. 你喜欢休假时做什么？什么样的休假方式对身心健康及重返工作岗位最有利？

四 阅读练习

　　元旦快到了，张云红想回老家看望一下儿父母。她每年有十天的年假，再加上元旦的公休假和周末，她可以回去两周时间。当她来到刘波的办公室，提出休假的申请后，刘波告诉她，年底的工作非常忙，过两天大家可能都要天天加班了，要提交很多报表、总结等，所以现在不能批准她的休假申请。他问张云红，可不可以推迟一段时间，到春节的时候再休年假，加上春节的假期，在家和父母团聚的时间还能更长一些呢！另外，公司马上要参加一个大型国际博览会，他也想安排张云红去帮忙。因为负责参展的老秦最近家里有事，而这对张云红来说，也是一个很好的锻炼机会。张云红表示完全没有问题，同时也很感谢刘波为她考虑得这么周到。

生 词

1. 老家	lǎojiā	名	hometown
2. 提交	tíjiāo	动	to submit (a report, etc.)
3. 报表	bàobiǎo	名	forms for reporting statistics
4. 批准	pīzhǔn	动	to approve; to ratify
5. 团聚	tuánjù	动	to reunite
6. 周到	zhōudào	形	considerate; thoughtful

（一）判断对错

☐ 1. 张云红每年的年假是两周。
☐ 2. 张云红想利用休假时间回家看望父母。
☐ 3. 现在大家天天加班，所以刘波不同意张云红的申请。
☐ 4. 刘波建议张云红春节的时候休年假。
☐ 5. 这个大型国际博览会将在春节后召开。

（二）填空

> 申请　提交　批准　锻炼　周到　团聚

1. 我很喜欢和同学朋友聚会，不过对我来说，亲人之间的_____是最幸福的。

2. 我们要_____自己各方面的能力，这样才能更好地适应社会、适应工作。

3. 他向老板提出了_____，要求到外地的分公司去工作。他觉得这样更能得到_____，老板很快就_____了。

4. 办公室规定，最晚在月底_____个人总结。

5. 他做人很_____，能真心为他人考虑，所以朋友很多。

附录

公司管理规章制度

四方公司关于考勤制度的若干规定（节略）

签发人：刘民全

根据《中华人民共和国劳动法》、国务院《关于职工工作时间的规定》及其他有关规定，为维护企业正常的生产秩序和工作秩序，维护企业职工的合法权益，结合企业实际，经公司经理办公会研究决定，制定考勤制度。

一、工作时间

1. 按国务院和北京市有关职工工作时间的规定，公司实行每日工作八小时、每周工作四十小时的工时制度。职工必须按所在单位、部门规定的时间按时上下班，上班前须在入口处打卡，不得委托他人或代他人打卡，未经请假不得擅自离开工作岗位。

2. 迟到、早退。凡超过规定的上班时间到岗或未到下班时间离岗，即为迟到或早退。职工迟到或早退时，应将迟到或早退的时间在考勤簿上说明。超过半小时不足二小时，按事假处理；超过二小时不足四小时，按旷工半天处理；超过四小时不足八小时，按旷工一天处理。

3. 旷工。凡超过规定时间尚未到岗，而又无正当理由办理补假手续者，即为旷工。持未经单位确认的病假证明补假，不予认可。不按请假程序请假；无正当理由擅自不上班，假期已满未按时上班销假，均视为旷工。旷工按日扣除工资。连续旷工超过五天，全年累计超过十天的，单位与其解除劳动合同。

二、考勤办法

1. 各职能部门为考勤单位，建立考勤簿，由单位负责人负责日常考勤工作，考勤要求准确无误。

2. 各级劳动部门负责职工的考勤，处理假期工资的事宜。

3. 考勤人员必须对考勤工作认真负责，坚持原则，秉公办事，不得弄虚作假。考勤情况审核后，按时送人力资源部。各单位领导要大力支持考勤人员的工作，发现弄虚作假行为的，要严肃处理；对坚持原则、秉公办事的考勤人员要酌情给予奖励。

三、请假程序

1. 职工请假除特殊情况外，要先填写请假单，经本单位主管领导签字批准后方可休假。销假时应持请假单或有关证明到考勤员处办理销假手续；凡未经批准均视为旷工。

2. 审批权限：职工请事假、病假、婚假、丧假、生育假由部门负责人批准，其中事假在三日以上的由单位主管领导批准，探亲假由本人所在单位负责人签署意见，报劳动部门审查批准；事假一天、病假二天，由所在单位负责人批准。

3. 各级领导干部请假，按干部分管权限审批，并到人力资源部办理请假手续。

四、休假种类及待遇（待遇部分略）

1. 《劳动法》规定的节日休假

（1）元旦；

（2）春节；

（3）国际劳动节；

（4）国庆节；

（5）法律、法规规定的其他休假节日。

法定休假安排职工工作的，支付不低于工资的百分之三百的工资报酬。

2. 年休假

公司职工在本企业连续工作满一年以上均可享受带薪年假（具体办法根据国务院及北京市有关规定另定）。

3. 婚假

4. 丧假

5. 生育假

6. 工伤

7. 探亲假

8. 病假

9. 公假（凡经单位同意的均视为公假）

10. 事假

11. 补休假

五、本制度自公布之日起实行。

文件起草单位：四方公司人力资源部

撰稿人：孙小美

签发日期：2017年9月1日

讨论：

1. 这家公司关于请假程序的规定和你工作过的单位一样吗？
2. 旷工是怎么回事？这家公司对于旷工的处罚是怎样规定的？你觉得严厉吗？
3. 休假的种类有哪些？
4. 如果在法定的假日工作，应该给予什么待遇？

第 11 课 职员培训

下班后,赵琳、刘波同时进了电梯,他们要去地下停车场,就在电梯里聊了起来。

赵 琳:小刘,你看到办公室最新贴出的通知了吗?

刘 波:您是说将要在德国分公司举行的培训吧?

赵 琳:对。总公司将要在斯图加特的分公司举行为期一周的培训活动。你有兴趣报名参加吗?

刘 波:当然。这是一个提高自己业务水平的好机会。谁不想去呢?

(出了电梯)

刘 波:(手向某处指去)我的车停在那边,您的呢?

赵 琳:我的也在那边,走吧!

职员培训 | 第11课

（两人边走边接着刚才的话题继续聊）

赵　琳：听说我们这里分到了五个名额，咱们都去报名吧。自从我加入公司以后，遇到两次这种机会，但都因为别的事放弃了。这次我可不想再错过这个机会了。

刘　波：您知道具体的培训内容吗？

赵　琳：听以前参加过的人说，这次培训要请知名的经济学家来演讲，介绍全球经济形势，有很多具体的分析报告。也请一些别的大公司的负责人介绍他们公司的运营机制、财务管理，当然，人家的商业机密是绝对不会向外透露的。

刘　波：我是负责销售工作的部门经理，您知道我对销售方面的情况最感兴趣。

赵　琳：那你就更应该去了。每次培训都有一个专门议题，就是讨论公司的销售状况。全球各分公司的销售部门都至少派一个人参加，交流销售经验，分别讲述成功与失败的典型事例。通过这种讨论学习，大家都感到特别有收获。

刘　波：是吗？太好了！那我一定尽力争取这个培训机会。

赵　琳：走，我们去报名吧！

刘　波：好，希望我们都能被选中。

生　词

1. 贴	（动）	tiē	to glue; to stick on; to paste on
			邮票要贴在信封的右上角。
2. 举行	（动）	jǔxíng	to hold; to organize (an event)
			今年的毕业典礼在哪里举行？
3. 名额	（名）	míng'é	the number of people
			这个夏令营，我们班有三个名额。
4. 遇	（动）	yù	to run into; to come across
			工作以来，我还没遇到过公司这么艰难的情况。

| 5. 放弃 | （动） | fàngqì | to abandon; to give up; to quit |

无论遇到什么困难，大家都不要放弃。

| 6. 错过 | （动） | cuòguò | to miss |

一年前，我错过了一个好机会，可是现在后悔又有什么用呢？

| 7. 知名 | （形） | zhīmíng | famous; wellknown |

作为一位知名作家，他的每一部新作都很受关注。

| 8. 演讲 | （动） | yǎnjiǎng | to give a lecture |

听说下周三在学校礼堂有一场演讲比赛，你参加吗？

| 9. 报告 | （名） | bàogào | report |

老王的报告对咱们公司的销售情况进行了详细的说明和分析。

| 10. 机密 | （名） | jīmì | secret |

这是重大机密，全公司知道的人不超过3个。

| 11. 绝对 | （副） | juéduì | absolutely |

世上的事没有绝对的好，也没有绝对的不好。

| 12. 议题 | （名） | yìtí | topic for discussion |

会议的下一个议题要讨论的是如何提高我们的品牌形象。

| 13. 分别 | （副） | fēnbié | separately |

旅行结束后，大家分别回到了自己的家。

| 14. 讲述 | （动） | jiǎngshù | to narrate; to tell |

小的时候，我最喜欢听爷爷奶奶讲述他们小时候的故事。

| 15. 典型 | （形） | diǎnxíng | typical |

她长着典型的东方人的面孔。

| 16. 事例 | （名） | shìlì | example; instance |

我们可以从不同的事例当中总结共同的特点。

| 17. 收获 | （名） | shōuhuò | gain; harvest |

进修了两个月，你收获大不大？

18. 尽力	（动）	jìn lì	to do one's best
	每个人都要尽力做好自己的工作。		
19. 争取	（动）	zhēngqǔ	to strive for
	我争取月底完成这项任务。		
20. 选中	（动）	xuǎnzhòng	to select
	她被选中做那部电影的女主角。		

专有名词

斯图加特	Sītújiātè	Stuttgart

注　释

一、绝对：表示"完全、一定"。

　　1. 你绝对不能对他说这种话。
　　2. 这家公司的产品质量绝对好。
　　3. 没有绝对的正确，也没有绝对的错误。

二、被：用于被动句，引进动作的施动者。前面的主语是动作的受动者。动词后面多有表示完成或结果的词语，或动词本身带有结果义。如：

　　1. 他被清华大学计算机系录取了。
　　2. 他被我说服了，决定今年不去云南旅行，而跟我一起去海南了。
　　3. 他被东方文化深深地吸引住了，所以他选择在中国定居了。

练 习

一 填空

举行　被　绝对　尽力

1. 第29届奥运会于2008年在北京_____。
2. 他_____总公司派到亚洲来工作一年。
3. 他现在正在养病，这件事_____不要告诉他。
4. 因为工作不努力，他上个月_____老板解雇了。
5. 这个城市虽然很小，却很美丽，因此经常有各种各样的国际会议在这里_____。
6. 每个人都应该_____做好自己的本职工作。

二 完成句子

1. 你愿意去就去吧，_____。（可不想）
2. _____，所以我现在努力学习，每学期都多修两门课。（争取）
3. 为了弄清楚真相，_____。（分别）
4. _____，我学到了很多东西。（通过）

三 根据提示词语造句

1. 绝对：
   （1）_____（小孩子，不知道）
   （2）_____（体育活动，有好处）
   （3）_____（考试，通过）
   （4）_____（广告，相信）

2. 被：

（1）_____（小偷，抓住）

（2）_____（计划书，藏）

（3）_____（小张，批评）

（4）_____（树，吹倒）

四 口语练习

（一）简答

1. 你们公司有没有针对员工的培训计划？每位员工都有公平的培训机会吗？

2. 你参加过的哪些培训活动对你最有帮助？

3. 请具体介绍一下儿你参加过的培训（报名、交费、举行地点、具体内容、培训过程、你的收获等）。

4. 你认为培训对于员工有什么好处？

（二）讨论

培训对员工及公司的发展有何影响（培训的必要性、连续性、周期）。

五 阅读练习

最近，张云红去西部搞市场调查，她收集到了很多有价值的数据，获得了宝贵的第一手资料。回来后，她向刘波汇报了这次调查的情况。谈话中，刘波接到一个重要电话，要他通知员工，今年七月总公司要在德国斯图加特的分公司举行培训活动，公司规定，在本公司工作满两年的员工都可以报名参加培训。张云红第一个听到这个好消息，她很开心，表示很感兴趣。她对刘波说，自己来公司工作这么多年了，只在刚进公司时参加过入职培训，后来的培训活动，她不是没资格报名，就是因为其他原因错过了，她觉得非常遗憾，这次机会难得，她非常想参加。刘波告诉她，他听说这次培训不仅有知名经济学家的讲座，公司还特别邀请了培训师对市场调研、营销理念、谈判技巧等专题进行讲授。他认为这样的培训确实值得参加。他祝张云红能争取到这个宝贵的机会。

生 词

1. 出差	chū chāi	动	to be on a business trip
2. 收集	shōují	动	to collect
3. 数据	shùjù	名	data; statistics
4. 资格	zīgé	名	qualification
5. 遗憾	yíhàn	形	regret; pity; sorry
6. 营销理念	yíngxiāo lǐniàn		marketing concept
7. 谈判技巧	tánpàn jìqiǎo		negotiation skills

（一）选择正确答案

1. 张云红这次出差去了哪个地方？（　　）

　　A. 东部　　　　B. 西部　　　　C. 西南部

2. 张云红一共参加过几次培训？（　　）

　　A. 一次　　　　B. 两次　　　　C. 很多次

3. 培训活动中，什么人不会举行讲座？（　　）

　　A. 总经理　　　B. 培训师　　　C. 经济学家

（二）判断对错

☐ 1. 张云红刚出差回来，就接着去参加培训活动。
☐ 2. 刘波接到电话，要他通知他们部门的人都去参加培训。
☐ 3. 这次培训工作满两年的人都可以报名。
☐ 4. 今年九月，公司在斯图加特将举行这样的培训。

（三）回答问题

1. 张云红出差有什么收获？
2. 这次培训大概会有什么内容？

附 录

拥抱改变让我受益终生

美国卡内基训练是世界性企业管理训练的领导品牌。前不久，我参加了三个月的卡内基培训。通过三个月的学习，我认识到：（一）沟通的目的不是增加了解，是避免误会。（二）关爱家人，家人是你突现个人价值的坚强后盾。具体感受如下：

一、我们要学会表达情绪，懂得感恩。因为工作原因，我远离父母，一个人在北京工作，以前在电话里与母亲沟通时，总是报喜不报忧。通过参加卡内基课程，我深深地感受到表达情绪的重要性。在一次与母亲的通话中，我把憋闷了一阵子的心理话（我的婚姻问题）对母亲讲了出来。俗话说"男儿有泪不轻弹"，可是那一次我哭了，但是哭后我的心里一下子就豁然开朗了。因为父母的关爱永远像暖暖的阳光，给我带来力量和希望！以前我回家时，总会买些礼物送给家人。这次我不仅带了礼物，还对每一位家人表达了真诚的感谢。我发现，这样做使我与家人的关系更亲密了。这次回家，我深情地拉着母亲的手，对她表达了以前一直说不出口的感谢，我还躺在母亲的腿上睡了一觉，仿佛又回到了童年。母亲真的很开心，我的喜悦之情也溢于言表。在离开家时，我已走出门很远了，依然可以看到母亲在向我挥手。这种情景仿佛只会出现在电影里。

二、我们要真诚地关心工作伙伴。工作中我比以前更关心员工的感受。因为一个在工作中不开心的人，是没办法有热忱、有效率地投入工作的，严重的还会影响生活的品质，造成恶性循环。有位员工因为身体原因，情绪有些低落，我就主动与他交流，对他的工作给予肯定，安慰、鼓励他，帮助他找到职业发展的明确目标。为了让他尽快恢复健康，我还安排他休假。现在他已回到工作岗位上，而且比以前更用心、更努力了。以前，对于工作表现不好的员工，我经常是拉着脸，一副不开心的样子；现在我意识到，这样不仅自己难受，还会让工作氛围变得紧张。如今我学会了乐观地看待每一件事，因为用积极正向的态度面对问题，是高效工作的基础，同时还能营造一种快乐的工作氛围，开开心心地过好每一天。

三、沟通表达能力显著提升。这是最近我与老板沟通时，他给我的评价。前一阵子，我回总公司开会，整个会议中，我掌控得都非常好，不论是汇报工作还是讨论问题，我的思路都非常清晰，能够重点突出地表达我的想法。在一旁的老板对我的表现连连点头，我心里真的很高兴！

四、沟通中换位思考，事半功倍。卡内基有一条经典的人际关系原则："真诚地试图以他人的角度去了解一切"，这是我现在最常用的原则。以前我在布置工作时，常会出现执行力不强的状况。我很少主动与员工沟通，了解他们的想法。现在不同了，在布置工作前，我会先听听他们的想法。因为有了大家共同的参与，在执行起来就顺利多了，工作效率自然也就提高了。我的这种做法也帮助他们养成了主动解决问题的习惯。以前一遇到客户投诉，他们就推给我处理；现在他们会主动了解投诉原因，并自己解决。

五、与顾客的联结度更高了。在卡内基班上，通过三个月的学习，我认识了很多亲密的学习伙伴。这个学习过程，让我学会了如何更宝贵地与人建立长久信任的方法。现在我与客户的联结度更高了，这无疑也带动了销售业绩的提升。

最后我用一句我珍爱的美国作家佛格森的名言做结尾："谁也无法说服他人改变。我们每个人都守着一扇只能从内开启的改变之门，不论动之以情或晓之以理，我们都不能替别人开门。"

1+1（中国）公司北京地区经理　陈发展

（www.carnegiebj.com 公共课客户心声）

讨论：

1. 本文的作者为什么要参加卡内基培训？
2. 他参加培训后有什么改变？
3. 他觉得自己最大的收获是什么？
4. 你参加过类似的培训吗？你认为这样的培训对你有什么积极的作用？

第 12 课　企业文化

在远大公司会议室。

陈方宇：今天召集大家来，是想请大家一起谈谈上周我们参加的那个"公司管理与企业文化"论坛的收获和感想。我自己这几天也想了很多，现在先听听大家的看法吧。

江　原：我们公司成立将近十年了，也形成了自己的企业文化。参加这次论坛，让我大开眼界，我认为我们公司应该重视、改进的方面还有很多。

毛　进：是啊，现在已经进入了知识经济的时代，企业已不能再像过去那样，单纯地生产商品，现在的竞争是全方位的竞争。因此我认为，企业文化在竞争中扮演着越来越重要的角色，哪个企业能在企业文化建设方面领先，哪个企业就能建立起竞争

　　　　优势。

赵　琳：我的理解是，企业文化就是企业的环境或个性，简单地用一句话概括就是——"我们这里的办事方式"。优秀的企业，它的办事方式一定是科学、有效、公平的，我们公司有时效率不高，我想就是办事方式有些问题，在这方面我们应有一些新的认识。

陈方宇：我同意赵经理的话。一个企业自上而下的员工如果有共同认可的价值观和行为准则，办起事来就会顺利得多，我想我们的员工就是在观念上有一些不一致。

毛　进：精神是文化的核心，在企业精神中最常见到的词语是——和谐、诚实、努力、敬业、信用、服务、责任、奉献、创造等等。不同的公司，业务范围不同，它的工作精神也就不一样。根据我们公司的特点，我想我们最应该强调的是"责任"和"创造"这两条。

江　原：在这次论坛上，一位专家的一句话给我留下了深刻的印象，他说"企业文化也是一种待遇"。一般人只想到工资、福利是一种待遇，但很少人想到，一个良好的企业文化，它带给你的不仅包括和谐的人际关系以及在这样的企业工作的社会荣誉感，还包括将来如果寻找新职业时它带给你的好身价，这些都是无形的财富，也是一种令人舒心的待遇。

陈方宇：所以我们要努力营造好的企业环境，这样也可以说提高了大家的待遇了嘛！

（外面开门关门的声响、杂乱的脚步声多了起来，午餐时间到了。）

江　原：还有，人是关键，企业的竞争又是人才的竞争，一个企业有没有聪明的人才观，直接关系到企业的发展。对企业有用的人就是最好的人才。爱护人才、合理地使用人才，使他能看到自己在公司的作用和未来的前途，是吸引和留住人才最好的方法。一个有优秀文化的企业最懂得怎样对待自己的员工，最懂得怎样将员工培养成有用的人才。

陈方宇：大家谈的这些想法有的我想到了，有的没想到，但是今天听到了，我觉得都非常正确。公司负责人对企业文化的建设有带头作用，我们必须以身作则，才能带动整个公司好的风气，我想这次参加这个论坛，给我们都上了重要的一课。写在纸上的规定我们不缺，关键是我们今后怎么做。公司有前途，我们个人才能有前途，我想大家都知道该怎么办了，以后就看我们的实际行动吧。

午餐时间到了，我们也说得差不多了，该去吃饭了。我有个提议，从今以后，餐厅桌子上"经理席""员工席"这样的牌子去掉，平常工作时间大家各忙各的，和普通员工交流的机会就不多，就餐时又人为地隔离开，这样不利于沟通。我们应当主动去接近员工，从小处做起，这样才能了解最真实的民意，有利于我们营造更好的企业文化。好，今天就说到这儿，咱们去餐厅吃饭吧。

生 词

1. 论坛	（名）	lùntán	forum
			今年召开的亚洲经济论坛会，有200多位专家、企业家来参加。
2. 大开眼界		dà kāi yǎnjiè	to widen one's view
			这一系列讲座使我大开眼界，受益多多。
3. 全方位	（名）	quánfāngwèi	overall
			我们要进行全方位的改革，但是要一步一步来。
4. 扮演	（动）	bànyǎn	to act; to play
			这位演员擅长扮演反面人物的角色。
5. 角色	（名）	juésè	role; part
			每个人都有自己的角色，不能说谁重要谁不重要。
6. 领先	（动）	lǐngxiān	to keep ahead; to lead
			他们的技术至少领先我们20年。
7. 优势	（名）	yōushì	advantage
			这名运动员从比赛一开始就领先对手，他将优势一直保持到比赛结束。
8. 科学	（形）	kēxué	scientific
			你这种解决问题的方法是科学的、公正的。

9. 有效	（形）	yǒuxiào	effective
这种食品的有效期是一年，一年以后就会变质。			
10. 公平	（形）	gōngpíng	fair and square
父母对孩子要公平、公正，不能偏心。			
11. 效率	（名）	xiàolǜ	efficiency
改善了工作方法后，我们的效率提高了不少。			
12. 自上而下		zì shàng ér xià	from above to below; from top to bottom
改革是自上而下的，革命则相反，往往是自下而上。			
13. 认可	（动）	rènkě	to approve; to accept; to confirm
你不认可我的做法没关系，你可以保留自己的意见。			
14. 价值观	（名）	jiàzhíguān	opinion of value
一个人大约是在青年时期形成自己稳定的价值观的。			
15. 行为	（名）	xíngwéi	behavior
人的行为习惯是从小养成的。			
16. 准则	（名）	zhǔnzé	guide line; rule
每个人都有自己做人做事的准则。			
17. 和谐	（形）	héxié	harmonious
家庭和谐对子女的成长非常重要。			
18. 责任	（名）	zérèn	responsibility; duty
你不要逃避，这是你应该承担的责任和义务。			
19. 奉献	（动）	fèngxiàn	to offer as a tribute; to present with all respect
他把自己的一生都奉献给了数学事业。			
20. 创造	（动）	chuàngzào	to create
企业不仅要创造经济价值，而且也要形成自己的文化价值。			
21. 强调	（动）	qiángdiào	to emphasize; to stress
许多公司招收新员工时，都强调"合作能力"这一项。			

22. 专家	（名）	zhuānjiā	expert

他是一位经济管理领域的专家。

23. 深刻	（形）	shēnkè	profound

他虽然很年轻，但他的见解常常比父母还深刻。

24. 荣誉感	（名）	róngyùgǎn	sense of honor

从小我们就被教育要有集体荣誉感，要关心集体、爱护集体。

25. 身价	（名）	shēnjià	social status

自从出演了这部电影以后，这名演员就身价倍增。

26. 无形	（形）	wúxíng	invisible

父母对子女的影响常常是无形的。

27. 财富	（名）	cáifù	fortune; wealth

精神财富和物质财富同等重要，甚至更重要。

28. 舒心	（形）	shūxīn	be pleased; feel happy

贴心的问候往往比礼物更令人舒心。

29. 营造	（动）	yíngzào	to build; to construct (atmosphere)

在企业里营造什么样的气氛对大家最有利？

30. 关键	（名）	guānjiàn	key; sticking point

请大家找一下儿问题的关键到底是什么，然后再一一解决。

31. 以身作则		yǐ shēn zuò zé	setting oneself an example to others

作为一名领导者，以身作则比发号施令更能促使下级做好工作。

32. 带动	（动）	dàidòng	to bring along; to drive

车头带动整列火车飞快地前进。

33. 人为	（形）	rénwéi	artificial; do by person

很多事故都是人为因素造成的，不能只强调客观原因。

34. 隔离	（动）	gélí	to insulate; to isolate; to separate

患上这种传染病需要自我隔离两周才能出入公共场所。

| 35. 沟通 | （动） | gōutōng | to communicate |

发生问题要及时沟通，尽快解决。

| 36. 民意 | （名） | mínyì | public opinion |

不重视民意，最终不会有好结果。

练习

一 填空

优势　　领先　　关键　　效率　　荣誉　　眼界　　深刻

1. 上半场比赛结果是 3 比 2，北京队_____。
2. 经过长期不懈的努力，我们的_____已经越来越明显了。
3. 从小就让孩子们多开开_____，对他们将来的发展很有益处。
4. 常常看到有的工厂贴着这样的宣传标语："时间就是金钱，_____就是生命。"
5. 我对童年的一些经历一直印象_____。
6. 只有把握了问题的_____，才能尽快找到解决的方法。
7. 公司给了我这么高的_____，我今后要继续努力工作，多做贡献。

二 完成句子

1. 导演看上了他的气质，_____。（扮演……角色）
2. 他父亲生前是个大富翁，_____。（给……留下……）

3. 良好的家庭教育，_____。（带给……）

4. 只有大人们以身作则，_____。（才）

5. 无论你多么会说，也不能_____。（将）

6. 高层领导人之间增加互访活动，_____。（有利于）

7. 他现在的麻烦已经够多的了，_____。（人为地）

三 口语练习

（一）简答

1. 企业文化中常常提倡哪些信念？
2. 重视福利与员工的业余文化生活，在企业文化中应当占什么样的地位？

（二）表述

请阐述你的人才观。

（三）讨论

1. 企业文化是如何形成的？
2. 请你谈谈公司领导人对于建设企业文化的作用。
3. 为什么现在的企业越来越重视企业文化建设？

四 阅读练习

在远大公司组织的秋游活动中，刘波、赵琳、毛进、张云红几个年轻人凑到了一起，他们说说笑笑，十分开心。毛进是刚从国外回来的博士，他跟大家还不太熟悉。刘波来远大之前，在另外一家公司干过几个月，来到远大以后，他特别喜欢这里的工作气氛，虽然工作辛苦，但身心感到轻松畅快。大家聊着聊着，很自然地就聊起"企业文化"这个话题来。刘波说他以前工作的那家公司气氛很压抑，他走了之后，又有不少人离开了，听说上个月那家公司还倒闭了。他说，人与人之间缺乏诚信，互相之间很难合作，这样

企业文化 | 第 12 课

的公司倒闭是必然的。赵琳、张云红在远大工作时间比较长，曾有猎头公司来挖过赵琳，承诺给她很好的条件。但她舍不得远大良好的人际关系以及公司人性化的管理风格，而且她知道，在远大只要有真才实干，一定会有发展前途，所以她没有犹豫就拒绝了。张云红对赵琳的话深有同感。她说，这里几乎看不到摆架子的领导，大家都互相尊重，是真正的工作伙伴；而且什么事情都很透明，大家公平竞争，省去了很多钩心斗角的麻烦。毛进听了大家的话，对远大更有信心了。

生 词

1. 凑	còu	动		to get together
2. 气氛	qìfen	名		atmosphere
3. 畅快	chàngkuài	形		(mood) free and happy
4. 压抑	yāyì	形		repressed
5. 倒闭	dǎobì	动		to drop dead; to get bankrupt
6. 缺乏	quēfá	动		to be lack of
7. 犹豫	yóuyù	动		to hesitate
8. 拒绝	jùjué	动		to refuse
9. 摆架子	bǎi jiàzi			to put on airs; to act arrogantly
10. 透明度	tòumíngdù	名		transparency
11. 钩心斗角	gōu xīn dòu jiǎo			each trying to outwit the other sheme (conspire, intrigue) against each other

（一）选择正确答案

1. 谁是刚来远大公司的人？（   ）
   A. 刘波　　　　B. 赵琳　　　　C. 张云红　　　　D. 毛进

2. 刘波对原来工作的公司感觉怎么样？（   ）
   A. 压抑　　　　B. 轻松　　　　C. 辛苦　　　　D. 畅快

3. 猎头公司找过谁？（   ）
   A. 刘波　　　　B. 赵琳　　　　C. 张云红　　　　D. 毛进

4. 毛进对远大公司有什么感觉？（   ）
   A. 熟悉　　　　B. 轻松　　　　C. 同感　　　　D. 信心

（二）判断对错

☐ 1. 刘波原来的公司搬家了。
☐ 2. 毛进是国内著名大学毕业的博士。
☐ 3. 赵琳是猎头公司找来的。
☐ 4. 张云红在远大公司工作的时间比较长。
☐ 5. 远大公司的东西都摆在明处。
☐ 6. 刘波觉得在远大公司什么事情都很透明，大家都很公平。
☐ 7. 赵琳是个非常有能力的人。
☐ 8. 上个月远大旁边的一家公司倒闭了。

（三）填空

　　　　钩心斗角　　倒闭　　缺乏　　摆架子　　压抑

1. 发达国家的经济虽然发达，但也有不少人感到生活很_____。

2. 这个公司的工作氛围不好，大家都互相_____，很难合作。

3. 在中国，中西部地区水资源普遍比较_____。

4. 谁喜欢_____的领导？我还从来没听说过！

5. 那家工厂_____了，工人都必须再找新工作。

附 录

什么是企业文化？

自20世纪80年代，"企业文化"这一概念从日本、美国引入中国，经过20余年的消化、吸收和发展，"企业文化"开始被我国的理论界与企业界所关注。特别是当大家都开始意识到，杰出而成功的公司大都有强有力的企业文化的时候，建设自身企业文化便被纳入到众多企业的管理议程中。正当企业文化的建设在企业如火如荼地开展时，我们不由得要反问一句：到底什么是企业文化？员工频繁的文化娱乐活动；一组有气势且放之四海皆可用的标语口号；争得几块诸如花园工厂、群众文化先进单位等等的铜牌，难道这些就是我们建设企业文化的全部内容吗？

企业文化就是企业信奉并付诸于实践的价值理念，也就是说，企业信奉和倡导并在实践中真正实行的价值理念。作为企业管理的一种新观念，是指企业等经济实体在生产经营中，伴随着自身的经济繁荣而逐步形成和确立并深深植根于企业每一个成员头脑中的独特的精神成果和思想观念，是企业的精神文化。

企业文化包括企业的经营观念、企业精神、价值观念、行为准则、道德规范、企业形象以及全体员工对企业的责任感、荣誉感等。企业文化现象都是以人为载体的现象，而不是以物质为中心的现象，由一个企业的全体成员共同接受，普遍享用，而不是企业某些人所特有。总之，我们对企业文化的理解包括以下六个方面：

1. 企业文化是普遍存在的，有企业的地方就有企业文化，它是慢慢积累起来的，是无法一蹴而就的。

2. 企业文化是象征的、整体的、唯一的、稳定的、难以改变的。

3. 企业文化既有有形的部分，也有无形的部分，是由有意识学习与无意识学习组成的，不是书面的理想和使命，而是日常的实务、沟通和信仰。

4. 企业文化可以看作是一个循环。哲学表达价值，价值体现于行为，行为说明哲学。

5. 它是一种综合性的个体文化，是一种"硬管理"与"软约束"的有机统一。"硬"表现为对规章制度的创建，对文化环境的创建；"软"表现在重视创造风气，树立企业精神，培育组织成员的价值观念，加强成员间的感情投资。

6. 简单地说，企业文化指在一个企业里如何把事情做好。

企业文化的构成可以分为三个层面：

1. 精神文化层：包括企业核心价值观、企业精神、企业哲学、企业理念、企业道德等。

2. 制度文化层：企业的各种规章制度以及这些规章制度所遵循的理念，包括人力资源理念、营销理念、生产理念等。

3. 物质文化层：包括厂容、企业标识、厂歌、文化传播网络。

企业的精神层为企业的物质层和制度层提供思想基础，是企业文化的核心，制度层约束和规范精神层和物质层的建设；而企业的物质层为制度层和精神层提供物质基础，是企业文化的外在表现和载体。三者互相作用，共同形成企业文化的全部内容。

讨论：

1. 企业文化的实质是什么？
2. 企业文化应从哪些方面进行理解？
3. 企业文化由几个方面构成？各方面之间是什么关系？

第 13 课 公司改革

> 行政副总吴文青召集各部门副经理以上中层管理人员开会,讨论公司即将启动的改革大计。

吴文青:大家好!今天我受公司董事会的委托,召集大家开个会,先给大家吹吹风,同时也欢迎大家畅所欲言,为公司的这项重大举措出谋划策。正如大家所知,当今时代是一个前所未有的飞速发展的时代,各行各业都是如此,而商业经济更是处于变动的前沿,国际国内市场形势瞬息万变,为适应这样的形势,谋求更好的发展出路,公司高层迫切认识到我们必须进行一系列改革,才能使我们公司立于不败之地。

刘 波:吴总,我们这也是"与时俱进"吧!

吴文青:(笑)小刘,你说得对!这个词好多年前就被人们常挂嘴边,似乎说滥了,但情形也确实是这样啊!好,下面请大家都谈谈自己的看法吧。

高 明:我认为公司现在提出改革,是一个非常及时而且明智的决定。大家知道,做事是我们的目的,而事情又都是由人来做的。我作为人力资源部的经理,也意识到人事改革是公司目前的当务之急,因为我已经观察到现在我们有人浮于事的弊端。

赵 琳:高经理说得很切中要害。不过人事改革是个双刃剑,弄不好会挫伤员工对公司的感情。像企划部、研发部,都是公司高技术人才集中的地方,平时就不断有猎头公司来挖我们的人,如果我们这步棋走不好,正好给人家提供了可乘之机。因此我们的改革要尽量周全，照顾到各方面的利益。

毛　进：不错，赵经理替我说出了我的忧虑。

吴文青：好，未虑胜，先虑败，这是稳妥的做法。我们会广泛征求意见，反复论证各项改革措施的可行性。

刘　波：除了人事制度，我看我们的工作流程也需要改进。销售部是矛盾最集中的地方，因为它承担的是扩大公司知名度、体现公司业绩的重任。我们部门有的员工反映，有时工作不愉快不是因为得到多少报酬的问题，而是工作得不到应有的认可。原因很大程度上是因为工作程序的问题。我们需要更高的灵活度，有一些先斩后奏的权利，否则，我们在和客户谈判的时候束手束脚，一些很好的项目就因此泡汤了，其实最终损失的还是公司的利益。

吴文青：小刘的意见很具体，我们会予以重视。这次改革重中之重还是人事问题，高经理，你再继续谈谈你的看法。

高　明：我们改革的目的，是要为企业注入活力，尽可能调动所有员工的积极性。首先，我认为我们要实行新的奖惩机制，在奖励新人的同时，也要善待老人，毕竟谁都有老的那一天。其次，在招聘新人时，也提高进入的门槛，免得要真正处理人员时陷于被动。关于试用期，国家劳动法有明确规定，我们当然不能随意延长，但我们可以在签订合同时区别对待，视其表现来调整签订下一期合同的长短。另外，末位淘汰制也是个新鲜事物，听起来有一定的残酷性，但我们也可以适当引进，运用得当，也可以收到预期的效果。

毛　进：我同意高经理的话。我们部门的员工可以说各有所长，但有的人有才是有才，却不善于与人沟通合作，有时反而坏事。像这样的员工，在引入时应当慎重。

吴文青：好！今天我们是第一次开会，大家回去后尽快向员工们传达下去，各级员工都有发言的权利，我们很快会在公司的网站上开设一个论坛，也会有一个邮箱，会有专人负责收集大家的意见。我们改革的目的是为了让每个人都得到发展，激励全体员工，最终实现公司利益和员工个人利益的双赢。让我们发动大家，群策群力，同舟共济，帮助公司走好这关键的一步吧！

生词

1. 改革	（动）	gǎigé	to reform

经过改革，公司的整体效率得到了极大的提高。

2. 委托	（动）	wěituō	to entrust

他们夫妻俩今晚要参加一个重要的活动，所以把孩子委托给了邻居。

3. 畅所欲言		chàng suǒ yù yán	to express one's opinion freely

请大家畅所欲言，每个人的意见和建议，我们都会重视的。

4. 举措	（名）	jǔcuò	act

政府最近要出台一些新举措，以改善本市的交通状况。

5. 出谋划策		chū móu huà cè	to give consel; to offer advice

有这么多人为我们出谋划策，真是我们的幸运啊！

6. 谋求	（动）	móuqiú	to seek

我们不能只谋求个人的利益，也要考虑其他同事和公司的利益。

7. 迫切	（形）	pòqiè	pressing; urgent

我们迫切希望能招到为企业带来活力的高级人才。

8. 与时俱进		yǔ shí jù jìn	to advance with the times

时代在发展，我们都要与时俱进，不然就会被淘汰。

9. 滥	（形）	làn	excessive, indiscriminate

任何人不得滥用自己手中的权力。

10. 人浮于事		rén fú yú shì	overstaffed; more applicants than jobs available

没有人干实事，大部分人都得过且过，我们部门目前人浮于事的状况很明显，这一点必须改变。

11. 弊端	（名）	bìduān	abuse; weakpoint

你们考虑到这样做的弊端了吗？

| 12. 双刃剑 | （名） | shuāngrènjiàn | double-edged sword |

科技是把双刃剑，科技的飞速发展在为社会造福的同时，也会给人类带来负面的影响。

| 13. 挫伤 | （动） | cuòshāng | to hurt |

改革是要调动大家的积极性，而不是挫伤大家的积极性。

| 14. 可乘之机 | | kě chéng zhī jī | an opportunity given by ... |

大家一定要严加防范，决不能给犯罪分子以可乘之机。

| 15. 稳妥 | （形） | wěntuǒ | safe, reliable |

问题既然出现了，我们就不要回避，还是先寻找一个稳妥的解决办法吧。

| 16. 论证 | （动） | lùnzhèng | to prove a point |

这项措施的出台是经过反复论证的。

| 17. 流程 | （名） | liúchéng | process |

请看，这是我们车间的生产流程图。

| 18. 先斩后奏 | | xiān zhǎn hòu zòu | to take an action first and explain later |

你这样做不是先斩后奏吗？这会儿告诉我来做什么？

| 19. 束手束脚 | | shù shǒu shù jiǎo | timid and hesitant |

你让他对公司进行改革，就要允许人家放开手脚去做，不能对人家束手束脚的。

| 20. 泡汤 | （动） | pào tāng | hope/plan dashed to pieces |

你这样轻易改变主意，我们原先的计划整个都要泡汤了。

| 21. 奖惩 | （动） | jiǎngchéng | premium and penalty |

公司必须有明确的奖惩机制，才能激发大家的工作热情。

| 22. 门槛 | （名） | ménkǎn | sill |

公司招聘新人的时候，门槛也不能设得太低。

| 23. 淘汰 | （动） | táotài | to die out; to eliminate (in a competition) |

这次面试淘汰了很多人，他能坚持到最后一关，一定非常优秀。

公司改革 | 第13课

| 24. 残酷 | （形） | cánkù | cruel |

古代的时候，有一些十分残酷的法律。

| 25. 预期 | （动） | yùqī | to expect; to anticipate |

你达到预期的目标了吗？

| 26. 双赢 | （动） | shuāngyíng | win-win |

合作要双赢，才能长久下去。一方得利，一方亏损，肯定要分裂。

| 27. 群策群力 | | qún cè qún lì | to pool the wisdom and efforts of everyone |

在这场辩论赛中，我们班同学群策群力，终于取得了胜利。

| 28. 同舟共济 | | tóng zhōu gòng jì | to pull together in times of trouble |

遇到困难的时候，需要各方同舟共济，我们才能渡过难关。

练习

一 填空

改革　　调整　　预期　　慎重　　合作

1. 全面实行经济体制_____，是我国经济发展的关键。

2. 这次会谈，为双方日后的进一步_____打下了良好的基础。

3. 这次全体动员大会，达到了_____效果，公司上下掀起了创效争先的热潮。

4. 不管怎么说，只要是我_____做出的决定，我都不会后悔。

5. 大赛将近，运动员们要注意_____好身体和心理状态，以最佳面貌迎接比赛。

二 完成句子

1. ＿＿＿＿＿＿＿＿＿＿＿＿＿＿＿＿＿＿，所以今天把大家请来一起开个座谈会。（委托）

2. 他把合同草案看了三遍，才＿＿＿＿＿＿＿＿＿＿＿＿＿＿＿＿＿＿。（意识到）

3. A：我有份文件要交给张经理，你今天去公司吗？

   B：＿＿＿＿＿＿＿＿＿＿＿＿＿＿＿＿＿＿＿＿＿＿＿＿＿＿＿＿＿。（正好）

4. 环境保护＿＿＿＿＿＿＿＿＿＿＿＿＿＿＿＿＿，而是和我们每个人的利益密切相关的问题。（不是……而是……）

5. 面对困难，他不但没有退缩，＿＿＿＿＿＿＿＿＿＿＿＿＿＿＿＿＿。（反而）

三 口语练习

1. 为什么人事制度改革对远大公司意义重大？你怎么看？
2. 你觉得公司改革最重要的是哪一部分的改革？困难是什么？为什么？
3. 你们公司有没有经过改革？改革主要集中在哪些方面？有什么成效？

四 阅读练习

齐迈克是美国有线电视新闻网（CNN）前驻华首席记者，他在接受中国记者的采访时，谈到了很多感想。

回忆起1973年读书时首次踏入中国的大门到2008年7月的访华之旅，他感慨地说，中国的改革开放是"一场静悄悄的革命""实行改革开放的三十年是中国现代史上最好的三十年"。

齐迈克说，他三十五年来亲身经历了发生在这片土地上的许许多多的重大事件，亲身感受到中国的巨变。

"当我1973年第一次来到中国时，人们还把我当作外星人，不时上前围观。谁会想到三十多年后的今天，我会像外星人一样，在中国的巨变前发呆。"齐迈克说。他认为，毫无疑问，这种外星人角色的对调，"要全部归功于改革开放这项改变中国、影响世界的重大决策"。这位资深记者说,"改革开放是一场彻底改变中国命运的深刻的革命性变革",它使中国只用三十年就完成了西方在工业革命时期一百年才完成的使命,并且完成得非常好。齐迈克说:"开放经济特区、鼓励人们自由择业、成千上万的中国人出国学习、吸引外资进入中国……如果没有一项接一项的大胆尝试和重大措施出台,中国的改革开放不可能取得如此的成功。"

谈到中国改革开放过程中的重大事件,齐迈克如数家珍。他特别提到两件他认为极为重要的事件,一是邓小平南巡并发表重要讲话,二是中国加入世界贸易组织。他说,邓小平在改革开放的关键时刻以中国领导人特有的方式,表达了中国坚决走改革开放道路的决心。"从实际效果看,邓小平南巡后,许多争论和杂音渐渐烟消云散,中国在改革开放的大路上开始加速前进。"中国入世也宣示着中国坚持改革开放道路的决心,入世意味着与世界接轨,中国更加开放,中国经济也以不可逆转的态势日益融入世界经济潮流之中。齐迈克最后说:"我希望中国再出现一个令世人瞩目的三十年。"

(新华网)

生　词

1. 首席	shǒuxí	形		chief (representative, etc.)
2. 毫无疑问	háo wú yíwèn			certainly; without a doubt
3. 彻底	chèdǐ	形		thorough; complete
4. 措施	cuòshī	名		measure; step (to be taken)
5. 付诸实施	fùzhū shíshī			to put into practice
6. 出台	chūtái	动		to come into existence
7. 如数家珍	rú shǔ jiā zhēn			be familiar with a subject
8. 烟消云散	yān xiāo yún sàn			to vanish completely
9. 接轨	jiē guǐ	动		to integrate with
10. 不可逆转	bù kě nìzhuǎn			be irreversibilible
11. 融入	róngrù	动		to blend into
12. 瞩目	zhǔmù	动		suprising

（一）选择正确答案

1. 齐迈克第一次来中国是：（   ）
   A. 1973 年　　　　　　B. 1978 年　　　　　　C. 2008 年
2. 齐迈克认为中国改革开放实施的重大措施有：（   ）
   A. 加入世贸组织　　　B. 开放经济特区　　　C. 鼓励留学生来华
3. 齐迈克认为中国改革开放过程中的重大事件不包括：（   ）
   A. 邓小平南巡并讲话　B. 中国加入世贸组织　C. 中国人出国留学

（二）判断对错

☐ 1. 齐迈克认为实行改革开放的三十年是中国历史上最好的三十年。
☐ 2. 中国用三十年的时间走完了西方国家一百年的路。
☐ 3. 中国改革开放过程中极为重要的事件是邓小平南巡讲话和加入世贸组织。
☐ 4. 齐迈克是 2008 年第一次来中国的。
☐ 5. 齐迈克认为改革开放彻底改变了中国人的命运。

（三）回答问题

1. 齐迈克两次提到自己像外星人一样，其前后有什么不同？
2. 请你谈谈中国的改革开放都实施了哪些重大举措？

附录

北京一商集团的改革

1996年4月25日,北京市第80次市政府常务会议决定:北京市第一商业局整体转制为北京一商集团有限责任公司(1999年3月28日更名为北京一商集团有限责任公司)。一商集团公司由原来的政府机构转变成为经济实体,不再承担政府的行政管理职能,而是按照现代企业制度的规范要求,建立起自主经营、自负盈亏、自我发展、自我约束的法人实体和市场竞争主体。

集团公司成立以来,逐步进行了五大方面的改革。

一、体制改革。

1. 构建现代企业制度。由以前的北京市第一商业局改制为北京一商集团有限责任公司;将原先的二十二家国有企业及三家事业单位改为现有的全资子企业九家,控股子公司八家,参股子公司八家。

2. 推进股份制改造。

3. 进行产权制度改革。

4. 成立企业托管中心。负责被托管企业的资产管理;清理库存商品、债权债务;负责被托管企业离、退休人员和下岗分流人员的管理;负责解决老企业遗留的司法纠纷;有序办理被托管企业注销登记。

5. 实行资产重组。

6. 实行依法破产。

二、干部人事制度改革。

1. 实行了新的社会保障制度。

2. 试行了财务总监委派制度。

3. 创新了经营管理者的考核机制。

三、劳动用工和社会保障制度改革。

1. 实行了产权代表委派制度。劳动合同覆盖率达到100%；由计划经济用工分配制度改为双向选择、择优上岗制度。

2. 实行了新的社会保障制度：建立了养老保险、医疗保险、失业保险、工伤险、女工生育保险等，覆盖率达到100%。

四、教育培训机制改革。

改革了教育培训管理体制并取得成果。将以前的北京一商集团公司教育处、北京市商业学校、北京市技术学校等合并改为北京一商集团公司教育培训中心，即北京市商业学校。

五、分配制度改革。

企业工资制度由级别工资制改革为岗位工资制。职工收入有较大提高。

实行了以上各项改革措施后，收到了明显的效果，表现如下：

（一）主要经济指标明显提高。

（二）集团公司经营运行质量明显提高。表现为：

1. 利润结构趋于合理。

（1）利润总额增加中主要是营业利润的贡献。

（2）子公司子企业首次成为集团公司利润的主要来源。

2. 现金流量体现净流入，达到1.15亿元。

（三）优势企业发展态势良好。

如，北京大明眼镜有限公司在全市连锁店发展至近七十家，成为北京市乃至全国眼镜行业销售规模最大、效益最好的企业之一。北京一商兰枫叶商业有限公司实现了优势互补，巩固了品牌代理地位，成为英国联合利华品牌在中国最大的分销商。北京一商美洁有限公司现年销售已达十亿元，成为全国最大的洗涤化妆用品经销商，也是美国宝洁公司在中国最大的分销商。

讨论：

1. 北京一商集团由什么改组而成？
2. 二十几年来，集团进行了哪些方面的改革？
3. 改革后，一商集团收到了什么样的效果？
4. 与一商合作的外国品牌有哪些？

第 14 课 布置任务

> 销售部经理刘波走进办公室的时候，看到大家正在唧唧喳喳地议论着什么。

刘　波：咦，什么事呀，这么热闹。

张云红：是刘经理呀！刚才我们在网上看到一则消息，说联想电脑今年业绩骄人，销量达40万台。

白小平：他们还在全国消费者协会PC服务满意度调查中获得了"家用电脑最佳服务承诺兑现奖"呢！

刘　波：是啊！看来我们还得再加把劲儿，向联想好好儿学习，要不然，我们新一年的任务可能完不成了。

张云红：刘经理，是不是又领回新任务来啦？

刘　波：没错，我刚从江总那儿回来，她给我们布置了明年的新任务。我们明年的任务比较艰巨，总销售目标是一亿元！

张云红：我算算，哎呀，要比去年增加三个百分点呢！

刘　波：因为我们今年的实际销售量就比年初的计划增加了3%左右，公司将销售目标定在一亿元是根据对市场前景与我们公司实力的分析估算出来的。

白小平：具体到各个区域，我们的销售任务是多少？

刘　波：华南和华东地区一直是我们的主要市场，公司希望我们再接再厉，将营业额保持在六千万以上，华北地区去年形势看好，我们有望增加5%的销售额。东北和西北地区情况比较艰难，我们能保住原有市场份额就已经是很大的成功了。对了，今年公司希望我们能进军西藏，开拓新的市场。西藏虽然人口稀少，但从长远来看，也是一个不能忽视的新市场。

张云红：看来我们也要响应国家号召，搞一个西部大开发了。

白小平：可是，派谁去西藏呢？

张云红：当然是小李啦！别忘了，他可是个爱冒险的小伙子，而且在咱们公司也干了很多年了，开拓新市场很有经验。

刘　波：这些具体问题，我们以后再讨论吧。

生　词

1. 热闹	（形）	rènao	have a jolly time; lively

今晚的聚会真热闹，连董事长也来了！

2. 业绩	（名）	yèjì	achievement

公司会根据每个人的业绩决定年终奖金的多少。

3. 骄人	（形）	jiāorén	proud

他在运动会上取得了骄人的成绩，一共拿到了三个冠军。

4. 消费者	（名）	xiāofèizhě	consumer

商家不能欺骗消费者，否则会失去信誉。

5. 协会	（名）	xiéhuì	association

大学里各种社团都有，比如电影协会、戏剧协会、登山协会等等。

6. 兑现	（动）	duìxiàn	to honor a commitment; to fulfill; to make good

你说过的话一定要兑现，不能不算数。

7. 艰巨	（形）	jiānjù	difficult; hard

这个任务很艰巨，需要大家共同努力才能完成。

8. 前景	（名）	qiánjǐng	prospect

这是个新兴行业，前景很好，大家一定要保持信心。

| 9. 实力 | （名） | shílì | strength |

如果公司的实力强，就很容易吸引优秀的人才前来应聘。

| 10. 估算 | （动） | gūsuàn | to roughly estimate |

你估算一下儿，完成这个项目一共需要多少资金？

| 11. 区域 | （名） | qūyù | area; district |

这个区域的政治历史比较复杂，一直以来问题很多。

| 12. 再接再厉 | | zài jiē zài lì | to make persistent efforts |

你们部门去年取得了骄人的成绩，希望今年再接再厉，继续提高。

| 13. 看好 | （动） | kànhǎo | to be bullish; to think highly of |

我们几个球友都看好了阿根廷队，你们看好哪个队？

| 14. 有望 | （动） | yǒuwàng | to have the hope |

今年全国经济有望增长三个百分点。

| 15. 艰难 | （形） | jiānnán | hard; rough |

你们公司要进军国际市场十分艰难，但也不是没有希望。

| 16. 进军 | （动） | jìnjūn | to march towards... |

公司今年要扩大业务范围，打算进军西部地区，设立两到三家分公司。

| 17. 开拓 | （动） | kāituò | to exploit |

有开拓精神的人，才有可能成为成功人士。

| 18. 稀少 | （形） | xīshǎo | few; rare; scarce |

中国西部地区人口稀少，却拥有大量的矿产资源。

| 19. 长远 | （形） | chángyuǎn | long term; long range |

我们要用长远的眼光看问题。

| 20. 忽视 | （动） | hūshì | to ignore; to neglect |

他重视发展事业，却忽视了身体健康。

| 21. 响应 | （动） | xiǎngyìng | to respond; in answer to |

由于超过三分之二的人响应，他的提议最终获得了通过。

22. 号召	（动）	hàozhào	to call on; to summon

公司号召大家多到外地分公司考察，以取得第一手的实践经验。

23. 冒险	（动）	mào xiǎn	to take a risk; adventure

你这样冒险值得吗？你想过家人的心情没有？

专有名词

1. 联想　　　　Liánxiǎng　　　　name of a company
2. 华南　　　　Huánán　　　　　South China
3. 华东　　　　Huádōng　　　　East China
4. 华北　　　　Huáběi　　　　　North China
5. 西北　　　　Xīběi　　　　　　Northwest China
6. 西藏　　　　Xīzàng　　　　　Tibet

练 习

一 填空

实力　热闹　业绩　估算　艰巨　艰难　承诺　前景

1. 年底分红要根据个人的＿＿＿＿＿＿来决定，不是凭资历。

2. 早市上非常＿＿＿＿＿＿，卖什么的都有，而且还很便宜。

3. 这家公司对顾客＿＿＿＿＿＿得非常好，并且很守信用。

4. 我们从事的是个新行业，＿＿＿＿＿＿十分美好，加油干吧。

5. 这么＿＿＿＿＿＿的任务，怎能只派他一个人去呢？

6. 这个队＿＿＿＿＿＿很强，一定能赢得比赛。

7. 再_____的路，我们也要坚持走到底。

8. 我们_____了一下儿，今年公司的总销售额可以增加5%到8%。

二 完成句子

1. _____，我们就可以提前三天完成任务了。（加把劲儿）
2. 如果我们一直坚持下去，_____。（有望）
3. 今年农产品销路不好，_____。（尤其）
4. _____，他们同意了吗？（对了）
5. _____，今天下班以前一定把材料整理出来。（别忘了）

三 口语练习

1. 联想公司今年电脑销售量达到了40万台，并获得了"家用电脑最佳服务承诺兑现奖"，假如你在联想公司负责销售工作，你将如何制订新一年的销售计划？

2. 假如你的公司也是一家电脑公司，去年由于联想公司的竞争，你们公司市场份额缩小了，今年你打算如何制订销售计划，与联想公司进行竞争？

3. 下面是一家公司某种电子产品近年的销售业绩，如果你负责这种产品的销售，你如何制订新一年的销售任务？

    2012年：100 000 台　　2013年：120 000 台
    2014年：140 000 台　　2015年：150 000 台
    2016年：140 000 台　　2017年：90 000 台

4. 假如你是你们公司负责手机销售的经理，公司给你们分配的销售任务很重，可是近年来城市里的手机已经接近饱和，你打算怎么分配和完成自己的销售任务？

四 阅读练习

　　六月,又到了飞达服装厂下达生产任务的时候了,负责生产的何经理将各车间主任都请到了自己的办公室,讨论下半年的生产计划。何经理告诉大家,上半年各车间加起来完成了全年计划的55%,照此速度进行下去,今年肯定能超额完成任务了。但生产西装的第三车间的石主任说,他们车间上半年可以说没生产什么,全部精力都放在生产流水线的改进上了,下半年投入生产,具体产能是多少还很难说。而生产休闲装的第四车间,由于去年引进了世界上最先进的休闲装生产设备,实力较强,上半年超额完成了生产任务。公司对此提出了表扬,希望第四车间继续努力,还给他们增加了一项新任务,即产品设计部最近刚刚设计出一些新款式,属于休闲装系列,公司想让第四车间在下半年进行试生产。如果今年的销售业绩还不错的话,明年准备正式投产。第四车间的许主任表示完全没有问题,他们很愿意承担这项新任务。何经理还说,第一车间和第二车间上半年业绩都不错,只要维持目前的生产速度,即使第三车间投入生产后比预期稍差,全厂完成全年的生产目标仍不成问题。最后,她请大家把自己车间下半年的生产作业计划尽早报上来。

生　词

1. 下达	xiàdá	动	to make known to lower levels
2. 超额	chāo'é	动	to excess
3. 精力	jīnglì	名	energy
4. 流水线	liúshuǐxiàn	名	production line
5. 改进	gǎijìn	动	to improve; to upswing
6. 投入	tóurù	动	to put into operation
7. 产能	chǎnnéng	名	productivity
8. 休闲装	xiūxiánzhuāng	名	casual clothes
9. 引进	yǐnjìn	动	to introduce from elsewhere
10. 先进	xiānjìn	形	advanced
11. 表扬	biǎoyáng	动	to praise; to commend

12. 款式	kuǎnshì	名	pattern; design; style
13. 承担	chéngdān	动	to undertake
14. 维持	wéichí	动	to maintain
15. 稍	shāo	副	a little
16. 报	bào	动	to report

（一）填空

投入　精力　改进　超额　款式　承担

1. 这种_____的手机我们九月份就已经停产了。

2. 在这件事上你_____了这么多精力，为了什么？

3. 最近我工作特别忙，实在没有_____照顾孩子学习，你就多管管吧。

4. 今年我们_____了生产线，产量大大提高了。

5. 今年总公司给我们的任务我们已经_____完成了。

6. 请给我派几名助手好吗？我一个人无法_____这么重的工作。

（二）根据阅读文章填空

计划　下达　负责　投入　投产　设计　设备　估算　进行
引进　提出　超额　精力　预期　愿意　目前　报　下去

1. 六月份到了，飞达服装厂又开始要_____新的生产任务了。_____生产的何经理请各车间主任来到自己的办公室，讨论下半年的生产_____。

2. 上半年各车间加起来完成了全年计划的55%，照此速度进行_____，今年肯定能_____完成任务了。

3. 生产西装的第三车间上半年把全部_____都放在生产流水线的改进上了，下半年将_____生产。

4. 第四车间由于去年_____了世界上最先进的休闲装生产_____，实力较强，上半年超额完成了生产任务，公司对他们_____了表扬。

5. 产品设计部最近_____出一些新款式，属于休闲装系列，公司想让第四车间在下半年_____试生产，明年准备正式_____。第四车间的许主任表示他们很_____承担这项新任务。

6. 只要第一车间和第二车间能维持_____的生产速度，即使第三车间投入生产后比_____稍差，全厂也能完成全年的生产目标。

7. 何经理请各车间尽早_____自己下半年的生产作业计划。

附 录

红罐王老吉品牌定位战略

品牌释名

　　凉茶是广东、广西地区的一种由中草药熬制、具有清热去湿等功效的"药茶"。在众多老字号凉茶中，又以王老吉最为著名。王老吉凉茶发明于清道光年间，至今已快有两百年，有"药茶王"之称。如今，王老吉凉茶更随着华人的足迹遍及世界各地。

　　20世纪50年代初，由于政治原因，王老吉凉茶铺分成两支：一支完成公有化改造，发展为今天的王老吉药业股份有限公司，生产王老吉凉茶颗粒（国药准字）；另一支由王氏家族的后人带到香港。加多宝是位于东莞的一家港资公司，经王老吉药业特许，由香港王氏后人提供配方，该公司主要独家生产、经营王老吉牌罐装凉茶（食字号），因采用红色罐装为人们熟知（以下简称"红罐王老吉"）。

背景

2002年以前，从表面看，红罐王老吉是一个经营得很不错的品牌，在广东、浙南地区销量稳定，盈利状况良好，有比较固定的消费群，销售业绩连续几年维持在1亿多元。发展到这个规模后，加多宝的管理层发现，要把企业做大，要走向全国，就必须克服一连串的问题，甚至原本的一些优势也成为困扰企业继续成长的障碍。

而所有困扰中，最核心的问题是企业不得不面临一个现实难题——红罐王老吉当"凉茶"卖，还是当"饮料"卖？现实难题表现为：

（一）广东、浙南消费者对红罐王老吉认知混乱。

在广东区域，红罐王老吉拥有凉茶始祖王老吉的品牌，却长着一副饮料化的面孔，让消费者觉得"它好像是凉茶，又好像是饮料"，陷入认知混乱之中。

而在另一个主要销售区域浙南，主要是温州、台州、丽水三地，消费者将"红罐王老吉"与康师傅茶、旺仔牛奶等饮料相提并论。虽然没有不适合长期饮用的禁忌，但企业担心，红罐王老吉可能会成为来去匆匆的时尚，如同当年在浙南红极一时的椰树椰汁，很快又被新的时髦产品替代，一夜之间在大街小巷上消失得干干净净。

面对消费者这些混乱的认知，企业亟需通过广告提供一个强势的引导，明确红罐王老吉的核心价值，并与竞争对手区别开来。

（二）红罐王老吉无法走出广东、浙南。

在两广以外，人们并没有凉茶的概念，做凉茶困难重重，做饮料同样危机四伏。如果放眼整个饮料行业，以可口可乐、百事可乐为代表的碳酸饮料，以康师傅等为代表的茶饮料、果汁饮料更是处在难以撼动的市场领先地位。红罐王老吉面临一个极为尴尬的境地：既不能固守两地，也无法在全国范围推广。

（三）推广概念模糊。

如果用"凉茶"概念来推广，加多宝公司担心其销量将受到限制，但作为"饮料"

推广又没有找到合适的区分，因此，在广告宣传上不得不模棱两可。很多人都见过这样一条广告：一个非常可爱的小男孩为了打开冰箱拿一罐王老吉，用屁股不断蹭冰箱门。广告语是"健康家庭，永远相伴"。显然这个广告并不能够体现红罐王老吉的独特价值。

重新定位

2002年年底，加多宝找到成美营销顾问公司（以下简称"成美"），初衷是想为红罐王老吉拍一条以赞助奥运会为主题的广告片，要以"体育、健康"的口号来进行宣传，以期推动销售。成美经初步研究后发现，红罐王老吉的销售问题首要解决的是品牌定位。

成美在研究中发现，无论是广东还是浙南，消费者的认知和购买消费行为均表明，消费者对红罐王老吉并无"治疗"要求，而是作为一个功能饮料购买，购买红罐王老吉的真实动机是用于"预防上火"。中国几千年的中医概念"清热祛火"在全国广为普及，"上火"的概念也在各地深入人心，这就使红罐王老吉突破了凉茶概念的地域局限。成美认为："做好了这个宣传概念的转移，只要有中国人的地方，红罐王老吉就能活下去。"

至此，品牌定位的研究基本完成，明确红罐王老吉是在"饮料"行业中竞争，竞争对手应是其他饮料，将其定位为"预防上火的饮料"，其独特的价值在于——喝红罐王老吉能预防上火，让消费者无忧地尽情享受生活：吃煎炸、香辣美食，烧烤，通宵达旦看足球……

成美在提交的报告中还提出，由于在消费者的认知中，饮食是上火的一个重要原因，特别是"辛辣""煎炸"饮食，因此建议在维护原有的销售渠道的基础上，加大力度开拓餐饮渠道，在一批餐厅酒楼打造旗舰店的形象，重点选择在湘菜馆、川菜馆、火锅店、烧烤店等。

凭借在饮料市场的丰富经验和敏锐的市场直觉，加多宝董事长陈鸿道当场拍板，全部接受该报告的建议，决定立即根据品牌定位对红罐王老吉展开全面推广。

推广效果

红罐王老吉成功的品牌定位和传播带来了巨大的效益：2003年红罐王老吉的销售额比去年同期增长了近4倍，由2002年的1亿多元猛增至6亿元，并以迅雷不及掩耳之势冲出广东，2004年，尽管企业不断扩大产能，但仍供不应求，订单如雪片般纷至沓来，全年销量突破10亿元，以后几年持续高速增长，2016年销量突破240亿元大关。

结　语

红罐王老吉能取得巨大成功，总结起来，以下几个方面是加多宝公司成功的关键所在：

1. 为红罐王老吉品牌准确定位；
2. 广告对品牌定位传播到位；
3. 企业决策人准确的判断力和果敢的决策力；
4. 优秀的执行力，渠道控制力强；
5. 量力而行，滚动发展，在区域内确保市场推广力度处于相对优势地位。

（本案例受邀《哈佛商业评论》整理，刊于其中文版2004年11月号。本次收入附录，经过大幅压缩改写，并增添最新数据。）

讨论：

1. 王老吉这个品牌诞生于何时？
2. 红罐王老吉的强大竞争对手有哪些？
3. 成美为红罐王老吉确定的市场定位是什么？
4. 请用数字说明红罐王老吉因成功定位而带来的巨大效益。

第15课 年度报告

以前,远景公司的各项报告经常是由小丁执笔,今年,这项工作由小黄接手了,她来向小丁取经。

小 黄:小丁,中国证监会打电话催公司把去年的销售年度报告抓紧交上去。听说上次的年度报告是由你执笔的。

小 丁:不错,上一次的年度报告是我写的。今年由你来写,是吗?哎呀!这可是桩苦差事!

小 黄:所以总经理让我在写之前,一定要先向你请教请教。他说这报告复杂着呢!

小　丁：不光是复杂！这种年度报告是让股票投资者了解我们公司情况的，因此在内容的真实性、准确性、完整性方面，不能有任何疏忽，否则是要负重大责任的。

小　黄：我明白了。我一定处处小心，争取做到不出任何错误。你能给我说一下儿报告主要有哪些内容吗？

小　丁：这种报告一般都有固定格式，首先，你得对我们公司做个简单介绍，包括公司中英文的名称、法人代表、公司联系地址、联系电话、办公地址、注册地址以及股票上市交易所、股票代码等等。

小　黄：光公司简介就包括这么多内容呀！

小　丁：这是最简单的一部分了。接下来是会计数据和业务数据，包括利润、会计数据和财务指标、股东利益变动情况等，这是股民们比较关心的内容。然后是股东情况介绍及股东大会简介。股东情况，要介绍一下儿股东总数及前十名股东持股情况。股东大会要介绍开会时间以及通过了什么决议。

小　黄：听起来，后两部分比会计数据和业务数据那部分容易些。

小　丁：下一部分就没那么容易了。董事会报告，这是需要详细叙述的部分，包括公司经营情况、财务状况、投资情况、新一年业务发展规划、董事会日常工作情况等等，差不多是公司的一个全面概括。这里面的每一项还需要再细分成不同的项目说明，如经营情况、公司在同行业中的地位、我们的经营范围、目前经营中出现的问题以及我们的解决方案什么的。

小　黄：够复杂的！今年政府又出台了几项新政策，和我们公司的业务有重大关系，那么报告还应当有一些新内容吧。

小　丁：对呀，我建议你在最后一部分写上出台这些新政策以后对我们各方面的影响及我们的对策。

小　黄：好主意！还有什么内容？

小　丁：多啦！还要有监事会报告、公司重要事项、财务会计报告等等。我觉得你最好先看一下儿往年的报告，也不妨参考一下儿证监会网址上登载的年度报告，网址是：

http://www.sse.com.cn。

小 黄：好，谢谢你，我现在心里大概有谱了。

小 丁：哎，我帮了你这么多忙，等年终奖金发下来，可要请我吃饭啊！

小 黄：没问题！

生 词

| 1. 证监会 | （名） | zhèngjiānhuì | Securities Regulatory Commission |

证监会的全称是证券监督管理委员会。它的职责是依照法律法规对证券市场进行监管。

| 2. 催 | （动） | cuī | to hasten; to urge |

你别催我啊，否则越催越慢！

| 3. 抓紧 | （动） | zhuājǐn | to pay close attention to |

你要抓紧时间，不然来不及了。

| 4. 执笔 | （动） | zhíbǐ | to write |

这部剧本是大家集体讨论创作的，具体的执笔人是位老作家。

| 5. 桩 | （量） | zhuāng | a measure word for things |

他最近有一桩心事老解不开，成天闷闷不乐的。

| 6. 苦 | （形） | kǔ | bitter; hard; tough |

那段苦日子终于熬过去了，相信未来会越来越好。

| 7. 差事 | （名） | chāishi | assignment |

遇到好差事你怎么不想着我呢？这种苦差事第一个就想起我来了！

| 8. 复杂 | （形） | fùzá | complex |

你说的这个问题太复杂了，能不能简化一下儿？

| 9. 不光 | （连） | bùguāng | not only |

不光他不知道，大家都不知道公司下一任总经理是谁。

| 10. 股票 | （名） | gǔpiào | stock; shares |

我上次买的那支股票大涨，趁机赚了一笔。

| 11. 完整 | （形） | wánzhěng | complete; entire |

这张地图不完整了,看不出来从这里到那个地方的距离。

| 12. 疏忽 | （动） | shūhu | be remiss of; careless |

当医生一定要认真仔细,不能疏忽大意。

| 13. 固定 | （形） | gùdìng | regular; fixed |

他一直没有固定的收入,就靠打点儿零工生活。

| 14. 法人 | （名） | fǎrén | juridical person; legal person |

王明是正大公司的法人代表。

| 15. 注册 | （动） | zhùcè | to register; to enroll |

新学期开学的时候,每个学生都要注册报到。

| 16. 上市 | （动） | shàng shì | to come into the market |

他们公司的股票就要上市了。

| 17. 交易所 | （名） | jiāoyìsuǒ | bourse; exchange |

你要找的那家证券交易所就在前边,走几步就到了。

| 18. 代码 | （名） | dàimǎ | code |

不同的银行交易代码都不同。

| 19. 会计 | （名） | kuàiji | accountant |

他是公司的财务会计。

| 20. 数据 | （名） | shùjù | data |

你报告采用的这些数据可信吗?

| 21. 指标 | （名） | zhǐbiāo | quota; index |

最近我全面检查了一次身体,各项指标都很正常,我就放心了。

| 22. 股东 | （名） | gǔdōng | stockholder |

他是这家公司的大股东,占有公司40%的股份。

| 23. 变动 | （动） | biàndòng | to change; to alter |

只要你发现情况一有变动,就立即通知我。

| 24. 股民 | （名） | gǔmín | stockholder |

他是老股民了，炒股已经炒了三年了。

| 25. 持股 | （动） | chí gǔ | to hold the stocks |

近期，有不少公司宣布取消此前已经公布的员工持股计划。

| 26. 决议 | （名） | juéyì | decision; resolution |

这次大会产生了两项决议。

| 27. 董事会 | （名） | dǒngshìhuì | directorate; board of directors |

这次董事会决定罢免老李的总经理职务。

| 28. 叙述 | （动） | xùshù | to narrate; to depict |

他详细叙述了这件事情的全部经过。

| 29. 概括 | （动） | gàikuò | to generalize; to sum up |

请你用一句话概括这篇短文的意思。

| 30. 行业 | （名） | hángyè | trade; profession |

每个行业都有它自己的特殊性。

| 31. 事项 | （名） | shìxiàng | proceeding |

比赛的注意事项，请大家一定要遵守。

| 32. 不妨 | （副） | bùfáng | might as well |

你不妨上网查一下儿有关的资料，网上的信息多得很。

| 33. 登载 | （动） | dēngzǎi | to publish |

他的文章经常登载在《北京日报》的文艺副刊上。

| 34. 有谱 | （动） | yǒu pǔ | to know how things stand and feel confident of handing them |

这件事我心里真是一点儿谱都没有，你心里有谱吗？

注 释

一、光：副词，"只""仅仅"的意思，表示限制在一定的范围以内。多用于口语。
1. 上海是个大城市，光一个区就有上百万人。
2. 评价一个人不能光看他的缺点，更要看到他的优点。
3. 他不光会下象棋，还会下围棋、打桥牌。
4. 这项任务太重了，光靠他们三个人怎么行，再派几个人吧。

二、够……的："够"，副词，有"怪"的意思，表示程度高。形容词后面多用"的"。形容词可以是积极意义的，也可以是消极意义的。
1. 这些人的谈话够有趣的。
2. 这次台风造成的损失够严重的。
3. 这事是谁干的？真够缺德的。

三、不妨：副词，表示可以这样做，没什么妨碍，常用于一些建议。
1. 这件事你虽然没做过，但不妨试试。
2. 他既然要你去，你又没事，不妨去一次。
3. 你有什么不同意见，不妨当面提出来。
4. 你对他不妨直说，不必客气。
5. 对孩子不妨要求严格一些，他长大了就知道这样做的好处了。

练 习

一 填空

行业　经营　催　概括　争取　复杂

1. 这件事用一句话来_____，就是"善有善报，恶有恶报"。
2. 每个_____都有一些自身的特殊性。
3. 这两年他_____花店很成功，他的店在这里已经小有名气了。

4. 情况太_____了，我们应该冷静下来好好儿分析分析。

5. 别_____我！我已经_____着急的了。

6. 我们要_____把下一期的工程也包下来。

二 完成句子

1. _____，这会议怎么能按时结束呢？（光）

2. 你这么干，_____，什么时候能干完哪？（够……的）

3. 他是我们这儿最有经验的老教师了，_____。（不妨）

4. _____，那就别装糊涂了。（大概）

5. _____，因此一定要认真、认真、再认真。（任何）

三 口语练习

1. 上市公司为什么要给证监会提交年度报告？写年度报告应该注意什么？

2. 一般年度报告中对公司的介绍应该包括哪些方面？

3. 在年度报告中，股民比较关心的是哪一部分内容？

四 阅读练习

快到年底了，远景公司又进入了一年当中最繁忙的阶段。一天，办公室孙主任找到小丁，让她为公司即将召开的下一年度总体规划会议起草一份总体规划方案。小丁参考了以往的资料后，根据市场情况及企业实力，对公司的各项产品进行了评分，然后加上对市场销售前景的分析，拟出了一份公司下一年的经营战略。具体来说，所谓市场引力，就是市场对企业的吸引力，包括产品的市场容量、利润率、销售增长率、市场垄断程度、企业进入市场的难易、市场细分化的水平等。这些因素直接刺激企业的生产。企业实力，是指企业的生产能力、技术力量、资金及产品能力、市场占有率、服务等。小丁根据这些要素,对远景公司的各项产品加以分析、评价,划分出不同类型,然后针对每一种类型列出相应的发展对策,确定产品的发展方向。

小丁写好后,请孙主任过目,同时,她把自己的写作思路对孙主任作了简单介绍。孙主任非常满意,认为她思路清晰、内容全面,文字上也没有问题,他下周可以直接把这个方案提交到会议上。

生 词

1.	繁忙	fánmáng	形	busy
2.	起草	qǐcǎo	动	to draft (a bill / plan)
3.	拟	nǐ	动	to draft to; draw up
4.	战略	zhànlüè	名	strategy; tactic
5.	引力	yǐnlì	名	attraction
6.	容量	róngliàng	名	capability; content
7.	垄断	lǒngduàn	动	to monopolize
8.	相应	xiāngyìng	形	correspond
9.	对策	duìcè	名	countermeasure
10.	清晰	qīngxī	形	clear

(一) 填空

刺激 垄断 经营 对策 决策

1. 上有政策,下有_____,这是一种很糟糕的现象。

2. _____失误的话，会给公司带来重大损失。

3. 银行降息有效地_____了消费增长。

4. 行业_____不利于市场经济的发展，因此很多国家都有反_____法。

5. 这两年他_____超市很成功，已经开了十几家连锁店了。

（二）选择填空

1. 远景公司（年初/年底）的时候工作最忙。

2. 孙主任让小丁为公司下一年度的（全体/总体）规划写个方案。

3. 小丁对市场销售（前景/前途）进行了分析。

4. 市场（吸力/引力）就是市场对企业的吸引力。

5. 小丁写好规划方案后（请/让）孙主任过目。

（三）判断对错

☐ 1. 小丁向孙主任请教规划方案怎么写。
☐ 2. 孙主任让小丁参考以往的资料。
☐ 3. 市场引力包括产品的利润率和销售增长率等。
☐ 4. 企业实力包括企业进入市场的难易度和企业产品的市场占有率等。
☐ 5. 孙主任对小丁的工作很满意。

附 录

天宇电器股份有限公司简介

公司名称：天宇电器股份有限公司

地　　址：北京市白石桥路20号

董 事 长：刘光西

总 经 理：张鹏

职工人数：500人

成立年份：2008年10月

主营业务：视听产品、空调产品、电池系列产品、销售等

兼营业务：产品及零配件的维修、销售

股票发行及股本结构：股票总金额为3000万元，每股1元，计3000万股。其中：法人股2100股，占总股本的70%，社会公众股750万股，占总股本的25%，内部职工股150万股，占总股本的5%。

公司沿革：天宇电器股份有限公司的前身是环宇电子公司，成立于1998年1月，当时是国营公司。随着业务的发展，2005年5月改名为天宇电子公司，2006年被北京市确定为国营企业股份制改造试点单位，2008年10月经市政府批准改为天宇电器股份有限公司。公司资产总额为10亿元，其中固定资产净值2亿元，在建工程5000万元，长期投资3.5亿，流动资产4亿元。负债总额5.5亿元，资产净值4.5亿元。

公司的机构设置：公司总部在北京市白石桥路20号，内设生产部、研发部、销售部、办公室、人事科等。

下属企业：世林商贸公司、中视广告公司、长远运输公司等。

证券业务咨询机构：北海证券投资咨询服务中心

讨论：

1. 这家公司的股票发行情况是怎样的？
2. 这家公司的业务范围有哪些？
3. 这家公司有哪些下属企业？它们分别从事什么业务？

附录一　生词总表

	A	
安装	ānzhuāng	2

	B	
拜托	bàituō	7
版本	bǎnběn	2
扮演	bànyǎn	12
包	bāo	4
包装	bāozhuāng	7
保险	bǎoxiǎn	9
报告	bàogào	11
背景	bèijǐng	7
本来	běnlái	9
弊端	bìduān	13
避免	bìmiǎn	8
变动	biàndòng	15
表现	biǎoxiàn	9
病毒	bìngdú	2
播放	bōfàng	7
博览会	bólǎnhuì	10
补偿	bǔcháng	9
不妨	bùfáng	15
不光	bùguāng	15

不谋而合	bù móu ér hé	5
不相上下	bù xiāng shàng xià	4

C

财富	cáifù	12
残酷	cánkù	13
操作平台	cāozuò píngtái	2
层次	céngcì	6
差事	chāishi	15
尝试	chángshì	5
长远	chángyuǎn	14
畅所欲言	chàng suǒ yù yán	13
超越	chāoyuè	4
承担	chéngdān	8
承诺	chéngnuò	8
诚意	chéngyì	9
持股	chí gǔ	15
迟早	chízǎo	6
重新	chóngxīn	8
抽屉	chōuti	2
出谋划策	chū móu huà cè	13
出色	chūsè	9
创立	chuànglì	1
创品牌	chuàng pǐnpái	4
创意	chuàngyì	7
创造	chuàngzào	12
刺激	cìjī	6
催	cuī	15

错过	cuòguò	11
挫伤	cuòshāng	13

D

达成	dáchéng	6
打交道	dǎ jiāodào	4
打扰	dǎrǎo	10
打印机	dǎyìnjī	2
大不如前	dà bù rú qián	4
大胆	dàdǎn	6
大开眼界	dà kāi yǎn jiè	12
大体	dàtǐ	6
大型	dàxíng	10
带动	dàidòng	12
贷款	dài kuǎn/dàikuǎn	9
代理	dàilǐ	6
代码	dàimǎ	15
待遇	dàiyù	9
耽误	dānwù	8
胆子	dǎnzi	10
得力	délì	8
登载	dēngzǎi	15
典型	diǎnxíng	11
订书钉	dìngshūdīng	2
订书器	dìngshūqì	2
定期	dìngqī	4
定位	dìng wèi	4
懂行	dǒngháng	7

董事会	dǒngshìhuì	15
董事长	dǒngshìzhǎng	1
动感	dònggǎn	7
锻炼	duànliàn	10
兑现	duìxiàn	14

F

发放	fāfàng	9
发挥	fāhuī	5
发展	fāzhǎn	5
法定	fǎdìng	9
法人	fǎrén	15
范围	fànwéi	6
放弃	fàngqì	11
分别	fēnbié	11
分红	fēn hóng	9
分析	fēnxī	5
份额	fèn'é	4
风格	fēnggé	7
奉献	fèngxiàn	12
否则	fǒuzé	4
福利	fúlì	9
复印机	fùyìnjī	2
复杂	fùzá	15
副总	fùzǒng	1

G

改革	gǎigé	13

概括	gàikuò	15
搞	gǎo	4
隔壁	gébì	2
隔离	gélí	12
个性	gèxìng	7
公积金	gōngjījīn	9
公平	gōngpíng	12
贡献	gòngxiàn	5
沟通	gōutōng	12
构思	gòusī	7
估计	gūjì	5
估算	gūsuàn	14
股东	gǔdōng	15
骨干	gǔgàn	5
股民	gǔmín	15
股票	gǔpiào	15
固定	gùdìng	15
故意	gùyì	8
关键	guānjiàn	13
规定	guīdìng	9
规划	guīhuà	5
过奖	guòjiǎng	8

H

行业	hángyè	15
号召	hàozhào	14
合并	hébìng	3
合作	hézuò	6

和谐	héxié	12
核心	héxīn	5
忽视	hūshì	14
欢快	huānkuài	7
缓慢	huǎnmàn	7
回访	huífǎng	4
汇报	huìbào	10
活页夹	huóyèjiā	2

J

积极	jījí	6
激光	jīguāng	2
机密	jīmì	11
即时贴	jíshítiē	2
技术总监	jìshù zǒngjiān	1
加倍	jiābèi	9
加入	jiārù	1
价值观	jiàzhíguān	12
艰巨	jiānjù	14
艰难	jiānnán	14
建议	jiànyì	6
奖惩	jiǎngchéng	13
讲述	jiǎngshù	11
交代	jiāodài	8
骄人	jiāorén	14
交易所	jiāoyìsuǒ	15
角色	juésè	12
进军	jìnjūn	14

尽力	jìnlì	11
尽力而为	jìnlì ér wéi	5
精力	jīnglì	6
经营	jīngyíng	9
竞争	jìngzhēng	4
举措	jǔcuò	13
举行	jǔxíng	11
巨大	jùdà	4
绝对	juéduì	11
决议	juéyì	15

K

开拓	kāituò	14
看好	kànhǎo	14
科学	kēxué	12
可乘之机	kě chéng zhī jī	13
客户群	kèhùqún	4
肯定	kěndìng	1
空间	kōngjiān	6
恐怕	kǒngpà	4
口才	kǒucái	10
苦	kǔ	15
会计	kuàijì	15
宽厚	kuānhòu	1
扩大	kuòdà	6

L

滥	làn	13

乐观	lèguān	4
类似	lèisì	6
利润率	lìrùnlǜ	4
猎头	liètóu	13
领	lǐng	2
领先	lǐngxiān	12
流程	liúchéng	13
录用	lùyòng	9
论坛	lùntán	12
论证	lùnzhèng	13

M

卖点	màidiǎn	4
冒险	mào xiǎn	14
门槛	ménkǎn	13
面世	miànshì	7
描述	miáoshù	7
民意	mínyì	12
名额	míng'é	11
模特	mótè	7
谋求	móuqiú	13

N

难度	nándù	6
内部职工股	nèibù zhígōnggǔ	9
能力	nénglì	9
年度	niándù	9

P

泡汤	pào tāng	13
培训	péixùn	6
批	pī	8
聘请	pìnqǐng	9
破格	pògé	9
迫切	pòqiè	13

Q

欺骗	qīpiàn	8
恰当	qiàdàng	6
签订	qiāndìng	9
前景	qiánjǐng	14
强调	qiángdiào	12
抢	qiǎng	4
巧	qiǎo	10
清楚	qīngchǔ	8
情节	qíngjié	7
请教	qǐngjiào	1
区域	qūyù	14
全方位	quánfāngwèi	12
全力以赴	quánlì yǐ fù	4
缺乏	quēfá	8
确定	quèdìng	7
群策群力	qún cè qún lì	13

R

热闹	rènào	14
人浮于事	rén fú yú shì	13
人为	rénwéi	12
人选	rénxuǎn	6
认可	rènkě	12
日程	rìchéng	3
荣幸	róngxìng	9
荣誉感	róngyùgǎn	12
软件	ruǎnjiàn	2
弱点	ruòdiǎn	4

S

杀	shā	2
杀毒	shā dú	2
商务	shāngwù	1
上班族	shàngbānzú	9
上市	shàng shì	15
稍	shāo	3
设备	shèbèi	2
设计	shèjì	7
设立	shèlì	6
身价	shēnjià	12
深刻	shēnkè	12
失眠	shī mián	4
失望	shīwàng	9
实力	shílì	14

市场占有率	shìchǎng zhànyǒulǜ	4
事例	shìlì	11
事项	shìxiàng	15
适应	shìyìng	6
试用期	shìyòngqī	9
收获	shōuhuò	11
疏忽	shūhu	15
输入法	shūrùfǎ	2
舒心	shūxīn	12
熟悉	shúxi	2
数额	shù'é	9
数据	shùjù	15
束手束脚	shù shǒu shù jiǎo	13
双刃剑	shuāngrènjiàn	13
双赢	shuāngyíng	13
随时	suíshí	7
损失	sǔnshī	8

T

坦率	tǎnshuài	9
探亲	tàn qīn	9
趟	tàng	5
淘汰	táotài	13
特意	tèyì	2
提拔	tíbá	5
替	tì	3
调整	tiáozhěng	5
贴	tiē	11

同舟共济	tóng zhōu gòng jì	13
统一	tǒngyī	9
投入	tóurù	6
透露	tòulù	5
突出	tūchū	7
推出	tuīchū	7
推广	tuīguǎng	10

W

完整	wánzhěng	15
维护	wéihù	4
为期	wéiqī	11
委托	wěituō	7
稳妥	wěntuǒ	13
无形	wúxíng	12

X

息怒	xīnù	8
稀少	xīshǎo	14
细节	xìjié	7
下属	xiàshǔ	1
先斩后奏	xiān zhǎn hòu zòu	13
献计献策	xiàn jì xiàn cè	4
羡慕	xiànmù	8
响应	xiǎngyìng	14
消费者	xiāofèizhě	14
销假	xiāo jià	10
销售	xiāoshòu	5

销售额	xiāoshòu'é	4
效率	xiàolǜ	12
效益	xiàoyì	5
协会	xiéhuì	14
新意	xīnyì	5
信息	xìnxī	6
型号	xínghào	8
行为	xíngwéi	12
休假	xiū jià	9
虚假	xūjiǎ	8
需求	xūqiú	6
叙述	xùshù	15
选中	xuǎnzhòng	11
寻找	xúnzhǎo	7

Y

严格	yángé	8
严谨	yánjǐn	1
演讲	yǎnjiǎng	11
样品	yàngpǐn	8
业绩	yèjì	14
业务	yèwù	5
医疗	yīliáo	9
一举	yìjǔ	4
一向	yíxiàng	8
咦	yí	2
移动硬盘	yídòng yìngpán	2
以次充好	yǐ cì chōng hǎo	8

附录一　生词总表

以身作则	yǐ shēn zuò zé	12
议题	yìtí	11
异常	yìcháng	4
异议	yìyì	9
意向	yìxiàng	6
银灰	yínhuī	2
营造	yíngzào	12
优盘	yōupán	2
优势	yōushì	12
有谱	yǒupǔ	15
有望	yǒuwàng	14
有效	yǒuxiào	12
与时俱进	yǔ shí jù jìn	13
遇	yù	11
预期	yùqī	13
约	yuē	3
允许	yǔnxǔ	10

Z

再接再厉	zài jiē zài lì	14
暂时	zànshí	2
责任	zérèn	12
招聘	zhāopìn	12
真皮	zhēnpí	2
珍惜	zhēnxī	9
争取	zhēngqǔ	11
证监会	zhèngjiānhuì	15
知名	zhīmíng	6

171

执笔	zhí bǐ	15
直拨	zhíbō	2
直接	zhíjiē	5
职能	zhínéng	5
指标	zhǐbiāo	15
制定	zhìdìng	5
智慧	zhìhuì	5
终身	zhōngshēn	4
周期	zhōuqī	6
注册	zhùcè	15
助手	zhùshǒu	8
抓紧	zhuājǐn	15
专家	zhuānjiā	12
转告	zhuǎngào	3
转椅	zhuànyǐ	2
桩	zhuāng	15
状态	zhuàngtài	10
准时	zhǔnshí	3
准则	zhǔnzé	12
自上而下	zì shàng ér xià	12
总裁	zǒngcái	1
走红	zǒu hóng	7
走马上任	zǒu mǎ shàng rèn	5
遵守	zūnshǒu	8

附录二　练习答案

第1课　公司机构

一、填空

1. 加入　2. 于　3. 请教　4. 严谨　5. 下属　6. 宽厚

二、完成句子

1. 他是我们的经理，负责我们部门的各项工作。（负责）

2. 他现在在哪儿我也不清楚，但是肯定不在北京。（肯定）

3. A：看他总是一脸严肃的样子，跟他在一起工作肯定很没意思。

   B：您错了，他看起来很严肃，实际上是一个非常容易相处的人，和他在一起工作很愉快。（您错了）

4. 今天讲的内容你都明白了吗？有什么需要再说明的，请提出来。（有什么需要……的）

5. 马路上车很多，过马路的时候千万要注意安全。（千万）

6. 明天是星期六，可是我们的工作还没做完，看来今天晚上得加班了。（得）

四、阅读练习

（一）选择

1. C　2. B　3. C　4. C

（二）判断对错

1. 错　2. 对　3. 对　4. 错

第 2 课　办公用品

一、填空

　　1. 软件　2. 病毒　3. 设备　4. 真皮　5. 配套　6. 安装　7. 抽屉，抽屉　8. 软件

二、完成句子

1. 妈，您试试这件衣服合适吗？这是我去外地出差时特意给您买的。（特意）

2. 我去找他的时候，他正好要出门。（正好）

3. 他好像住附近，因为我经常在这一带看到他。（好像）

4. A：小王，可以给我拿一份最新的公司简报吗？

　　B：没问题。明天我给你拿来，好吗？（没问题）

5. 原来小王是这儿的守门员，但他离队了，现在的这个守门员是刚从别的俱乐部转来的。（原来）

6. 我有点儿事，暂时出去一会儿，你们等我一下儿，对不起。（暂时）

四、阅读练习

（一）画勾的项目如下：

电脑　照相机　扫描仪　投影仪　软件　硒鼓　复印纸

（二）填空

1. 资金　2. 配备　3. 正版　4. 征求　5. 清单　6. 反映

第 3 课　日程安排

一、填空

　　1. 日程，合适　2. 合并　3. 对，合适　4. 稍　5. 转告　6. 准时

附录二 练习答案

二、完成句子

1. 我是大友公司的张强，<u>我有些事情要和你们总经理谈，请你替我跟陈总约个时间见面吧</u>。（跟……约个时间）

2. 明天要早起，<u>早一点儿去爬山，人又少，又凉快</u>。（早一点儿）

3. A：小王，快餐店送的盒饭要到了，可我这儿还有点儿事没忙完，<u>你替我拿一份上来吧</u>。（替）

   B：好的，没问题。

4. <u>明天我要跟香港来的客商见面</u>，你帮我找一下儿那条红领带。（跟……见面）

四、阅读练习

（一）判断对错

1. 错　2. 错　3. 对　4. 错　5. 错

（二）选择正确答案

1. A　2. C　3. B　4. C

（三）选词填空

1. 参加　2. 来访　3. 召开　4. 会见　5. 洽谈　6. 讨论　7. 陪　8. 考察

第4课　召开会议

一、填空

1. 终身　2. 挑战　3. 劲敌　4. 竞争　5. 超越　6. 一举　7. 搞　8. 失眠　9. 面临

10. 卖点　11. 份额　12. 上升

二、完成句子

1. 他以前一直搞这方面的工作，<u>这件事交给他去办肯定没问题</u>。（肯定）

2. 剩下的时间越来越少，<u>恐怕我们不能按期完成了</u>。（恐怕）

3. 想扩大市场份额，不能光靠售后服务好，<u>更重要的是靠提高产品质量</u>。（靠）

4. 现在是夏天，空调自然热销（卖得好）。（自然）

5. 今天我们必须完成这些任务，否则明天的展览活动就会受影响。（否则）

6. 他们公司开拓市场走的是薄利多销的路子。（走……的路子）

四、阅读练习

（一）选择正确答案

1. C　2. B　3. D　4. C　5. B

（二）判断对错

1. 错　2. 对　3. 错　4. 错　5. 对

第5课　阐述个人意见

一、填空

1. 估计　2. 分析　3. 之后　4. 发挥　5. 趟，趟，趟　6. 多多

二、完成句子

1. 看起来今天做不完了，明天我们再继续做吧。（看起来）

2. 刚才给他家打电话，他家里人说他已经出来了，估计马上就能到了。（估计）

3. 我准备把这台电脑处理掉，买一个笔记本电脑，你觉得我的想法怎么样？（准备）

4. 不从实际情况入手，就不能找到解决问题的方法。（从……入手）

5. 这是一个很有挑战性的工作，你应该大胆地去尝试一下儿。（尝试）

6. 你可否告诉我他对这件事的态度？（可否）

7. 随着时代的发展，人们的观念也越来越新了。（随着）

四、阅读练习

（一）选择

1. C　2. C　3. A

（二）判断对错

1. 错　2. 错　3. 对　4. 对　5. 对

第6课　讨论业务进展

一、填空

1. 倒　2. 需求　3. 积极　4. 刺激　5. 适应　6. 扩大　7. 信息

二、完成句子

1. 除南宁以外，他哪个省会城市都去过。（除……以外）
2. 我还没发表意见呢，你们倒已经通过这项决议了。（倒）
3. 在这次贸易洽谈会上，我们和多家厂商达成了购销协议。（达成）
4. 他的建议非常合理，我们可以采纳。（建议）
5. 孩子迟早要独立，你不如现在就多给他一些自由。（迟早）
6. 这件事你找别人做吧，我现在没有精力。（精力）

四、阅读练习

（一）填空

1. 淘汰　2. 知名　3. 步伐　4. 符合　5. 终于　6. 激烈　7. 连续　8. 下降

（二）完成句子

1. 产品只有吸引住一部分稳定的客户群，才能在市场上站住脚。（吸引）
2. 他这个人真无情，看电影从来不哭，无论那部电影多么感人。（无情）
3. 具体情况要具体分析，找出适当的解决方案，一种方法不可能解决所有问题。（分析）
4. 他从1000美元起家，最终发展成了一个庞大的商业帝国，现在他的企业已进入世界500强。（从……起家）
5. 只有不断地努力，才不会在竞争激烈的市场中被淘汰。（淘汰）

第7课　广告宣传

一、填空
1. 方案　2. 推出　3. 构思　4. 确定　5. 包装　6. 委托　7. 寻找　8. 拜托

二、完成句子
1. <u>经理随时会来检查</u>，我们还是好好儿工作，别光顾着说笑聊天了。（随时）
2. 今晚的聚会我请了几个朋友，<u>另外也请了几个邻居和同学</u>。（另外）
3. 今天的会议，<u>从头到尾他都一句话没说</u>。（从头到尾）
4. 我们当中，<u>他最懂行</u>，这件事就交给他去办吧。（懂行）
5. <u>将这辆车的发动机修好以后</u>，我们就又可以开车去各处旅行了。（将）

五、阅读练习
（一）填空
1. 对策　2. 扭转　3. 配合　4. 季度　5. 赞同　6. 景气

（三）根据阅读文章填空
影响　不景气　对策　提高　往年　强　建议　推销　配合　吸引　收到　赞同　实施

第8课　抱怨与解释

一、填空
1. 转告　2. 宣传　3. 缺乏　4. 继续　5. 重新　6. 批　7. 客户，继续
8. 缺乏　9. 转告　10. 重新

二、完成句子

1. A：赵经理去哪儿了？

   B：他正在会见韩国来的客人。（会见）

2. A：你的声音跟电话里的一点儿也不一样。（一点儿也不……）

   B：是吗？可能你还没听习惯吧。很多人一开始都这么说。（这么）

3. A：请等一下儿，我这就把文件给您送过来。（这就）

   B：快点儿吧，我等这份文件已经等了三天了。

4. A：杰克，你假期打算怎么过？

   B：我要去东南亚旅行，顺便也去香港和澳门看看。（顺便）

四、阅读练习

（一）选择正确答案

1. A 2. A 3. C 4. B

（二）判断对错

1. 错 2. 错 3. 错 4. 对 5. 错 6. 对

（三）根据阅读文章填空

接待 赔偿 客户 继续

第9课　招聘员工

一、填空

1. 一定，加倍 2. 经，本 3. 本来 4. 一定 5. 本 6. 关于 7. 加倍

二、完成句子

1. A：我本来在西单上班，但是现在不在那儿了。（但是）

   B：我也换过一次工作，我本来是做推销员的，但是后来去了商场的管理部门工作了。（本来，但是后来）

2. 我对这个问题比较关心，你可以给我说明一下儿吗？（比较关心）

3. 关于医疗保险，公司有什么特别的规定吗？（关于）

4. 如果大家都没有异议，那么我们就这么决定了。（异议）

5. A：经理，我父母最近要来北京。我想申请休假，可以吗？

   B：当然可以。按规定，你可以休一个星期，但是也可以延长一段时间，不过就要影响到月奖和年终奖，你打算休多长时间？（规定）

五、阅读练习

（一）根据短文内容连线

（二）完成句子

1. 爸爸看了他的成绩单以后，又仔细询问了一些他学习的情况。（询问）

2. 公司今年虽然只招10个人，可前来参加应聘的人却有200多名。（应聘）

3. 听了员工们的意见以后，经理表示一定要在公司的例会上提出，请大家等待回复。（表示）

4. 如果你想访问一个不太熟悉的人，应该提前几天预约。（预约）

5. 听说你假期时要到东南亚旅行，你已经确定好行程计划了吗？（确定）

第10课　申请休假

一、填空

1. 按　2. 大型　3. 结束，销假　4. 报名，报名　5. 允许　6. 打扰

二、完成句子

1. A：张经理，我想<u>申请进修外语</u>。（申请）

   B：可以啊，你打算<u>从什么时候开始进修呢</u>？（从……开始）

2. 我<u>正想打电话找你呢</u>，你就来了。（正想）

3. A：小王，公司最近忙死了，你有没有朋友愿意暂时来帮忙？

   B：没问题。我朋友有不少，<u>可问题是他们都住得很远，公司可以给他们报销一些交通费用吗</u>？（可问题是……）

4. A：你告诉我你单位的电话号码吧！

   B：要它有什么用？我<u>早就出来自己开公司了</u>，我给你手机号码吧。（早就）

5. A：对不起，<u>打扰一下儿二位，我可以问你们几个问题吗</u>？（打扰）

   B：别客气，有什么问题你就说吧，我们俩只是聊天儿。

四、阅读练习

（一）判断对错

1. 错　2. 对　3. 错　4. 对　5. 错

（二）填空

1. 团聚　2. 锻炼　3. 申请，锻炼，批准　4. 提交　5. 周到

第11课　职员培训

一、填空
　　1. 举行　2. 被　3. 绝对　4. 被　5. 举行　6. 尽力

二、完成句子
　　1. 你愿意去就去吧，我可不想去那个地方。（可不想）
　　2. 我要争取提前毕业，所以我现在努力学习，每学期都多修两门课。（争取）
　　3. 为了弄清楚真相，调查组的人分别跟每个人都谈了话。（分别）
　　4. 通过参加社会实践活动，我学到了很多东西。（通过）

三、根据提示词语造句
　　1. 绝对：（1）小孩子绝对不知道这里面有什么利害。（小孩子，不知道）
　　　　　　（2）体育活动对身体绝对有好处。（体育活动，有好处）
　　　　　　（3）不认真学习的人，这次考试绝对不会通过。（考试，通过）
　　　　　　（4）广告大部分都是说得比实际上要好得多，我们不能绝对相信。（广告，相信）

　　2. 被：（1）小偷被大家当场抓住了。（小偷，抓住）
　　　　　（2）计划书不知道被藏到什么地方去了。（计划书，藏）
　　　　　（3）小张被老板批评了一顿。（小张，批评）
　　　　　（4）树被大风吹倒了。（树，吹倒）

五、阅读练习：
　　（一）选择正确答案
　　1. B　2. A　3. A

（二）判断对错

1. 错　2. 错　3. 错　4. 错

第12课　企业文化

一、填空

1. 领先　2. 优势　3. 眼界　4. 效率　5. 深刻　6. 关键　7. 荣誉

二、完成句子

1. 导演看上了他的气质，让他扮演公司老总的角色。（扮演……角色）
2. 他父亲生前是个大富翁，给他留下了一笔巨大的遗产。（给……留下……）
3. 良好的家庭教育，将带给孩子一生好的影响。（带给……）
4. 只有大人们以身作则，孩子们才会学好。（才）
5. 无论你多么会说，也不能将黑的说成是白的。（将）
6. 高层领导人之间增加互访活动，有利于两国发展友好关系。（有利于）
7. 他现在的麻烦已经够多的了，你就不要再人为地给他增加烦恼了。（人为地）

四、阅读练习

（一）选择正确答案

1. D　2. A　3. B　4. D

（二）判断对错

1. 错　2. 错　3. 错　4. 对　5. 错　6. 对　7. 对　8. 错

（三）填空

1. 压抑　2. 钩心斗角　3. 缺乏　4. 摆架子　5. 倒闭

第13课　公司改革

一、填空
　　1. 改革　2. 合作　3. 预期　4. 慎重　5. 调整

二、完成句子
　　1. 公司董事会委托我调查一下儿大家关于这次改革的看法，所以今天把大家请来一起开个座谈会。（委托）
　　2. 他把合同草案看了三遍，才意识到里面存在重大问题，必须和对方重新谈判。（意识到）
　　3. A：我有份文件要交给张经理，你今天去公司吗？
　　　 B：没问题，我今天正好要去总部开会，他也要参加那个会，我们能见到。（正好）
　　4. 环境保护不是我们单独每个人的事情，而是和我们每个人的利益密切相关的问题。（不是……而是……）
　　5. 面对困难，他不但没有退缩，反而更有干劲了。（反而）

四、阅读练习
（一）选择正确答案
　　1. A　2. B　3. C
（二）判断对错
　　1. 错　2. 对　3. 对　4. 错　5. 对

附录二 练习答案

第14课 布置任务

一、填空

1. 业绩 2. 热闹 3. 承诺 4. 前景 5. 艰巨 6. 实力 7. 艰难 8. 估算

二、完成句子

1. <u>大家加把劲儿，再辛苦两天</u>，我们就可以提前三天完成任务了。（加把劲儿）
2. 如果我们一直坚持下去，<u>今年就有望超额完成任务了</u>。（有望）
3. 今年农产品销路不好，<u>尤其是鸡蛋、猪肉，很不好卖</u>。（尤其）
4. <u>对了，上次我们提出的那些要求</u>，他们同意了吗？（对了）
5. <u>别忘了明天要向总经理汇报</u>，今天下班以前一定把材料整理出来。（别忘了）

四、阅读练习

（一）填空

1. 款式 2. 投入 3. 精力 4. 改进 5. 超额 6. 承担

（二）根据阅读文章填空

1. 下达，负责，计划   2. 下去，超额   3. 精力，投入   4. 引进，设备，提出
5. 设计，进行，投产，愿意   6. 目前，预期   7. 报

第15课 年度报告

一、填空

1. 概括 2. 行业 3. 经营 4. 复杂 5. 催，够 6. 争取

185

二、完成句子

1. <u>光他的发言就用了一上午的时间</u>,这会议怎么能按时结束呢?(光)

2. 你这么干,<u>够费力的</u>,什么时候能干完哪?(够……的)

3. 他是我们这儿最有经验的老教师了,<u>对这样的学生该怎么教育,不妨去问问他吧</u>。(不妨)

4. <u>这件事,你大概已经知道了吧</u>,那就别装糊涂了。(大概)

5. <u>任何关于投资建厂的事</u>,都是大事,因此一定要认真、认真、再认真。(任何)

四、阅读练习

(一)填空

1. 对策   2. 决策   3. 刺激   4. 垄断,垄断   5. 经营

(二)选择填空

1. 年底   2. 总体   3. 前景   4. 引力   5. 请

(三)判断对错

1. 错   2. 错   3. 对   4. 错   5. 对